RECHERCHES

HISTORIQUES ET ARCHÉOLOGIQUES

SUR DIVERS POINTS

DU VIEUX PARIS

PRÉFACE

Tandis que la masse des générations présentes se glorifie dans le perfectionnement continu de la civilisation, dans l'amélioration progressive des mœurs, des coutumes, de tous les détails de l'existence individuelle, quelques-uns, parmi la foule : historiens, philosophes, érudits, se plaisent à remonter le cours des âges. S'isolant du mouvement éphémère des choses ambiantes, ils aiment à revivre les siècles écoulés. Ils exhument, ils raniment la poussière des cercueils ; et, sous leurs yeux, repassent les contemporains des époques primitives. Les uns, avides de restituer des langues et des littératures perdues, interrogent avec ferveur les secrets de ce monde oriental, qui vit éclore la race humaine. Au sein des ruines profondément enfouies, à travers les innombrables inscriptions empreintes sur le granit, sur le basalte, sur le front des palais, sur les murailles des temples ou les parois des chambres funéraires, sur les flancs des sarcophages, ils ressuscitent, en même temps que leurs habitudes, leurs lois, leurs idées morales, la physionomie véritable des premiers peuples. D'autres, épris surtout des traditions de la Grèce et de Rome, s'efforcent laborieusement à rajeunir l'antiquité. D'autres enfin, d'une ambition plus modeste et n'aspirant qu'à rendre plus précise encore, à l'aide de détails inconnus, la signification ou la couleur de l'histoire nationale, se circonscrivent dans les limites de la contrée qui les a vus naître ; ils se dévouent à l'explorer en tous les sens, heureux si leurs études patientes viennent un jour enrichir le domaine commun par le tribut d'une intéressante découverte ou d'une originale révélation. Au nombre de ces derniers investigateurs sera compté M. Eugène

Toulouze, qui aura consacré tant de vaillantes années, tant d'actives recherches, à réunir et à coordonner mille précieux débris de cette période confuse, appelée l'époque gallo-romaine.

Connaissez-vous le musée de Lutèce ? Avez-vous conçu la pensée d'un dépôt archéologique où se retrouveraient, échantillonnés à la moderne, les mœurs, les usages et l'industrie des fils de Gaël ? Non, sans doute, qui vous l'eût appris ? Nulle estampille officielle, nulle consécration municipale, ne vous en apportent le signalement. Vous le demanderiez en vain aux catalogues, aux guides, aux itinéraires. Son existence, pourtant, n'est pas un mythe. Nous l'avons vu, regorgeant des précieux souvenirs qu'y rassembla la persévérance d'un fouilleur intrépide, d'ailleurs merveilleusement servi par le hasard propice et qui fut récompensé au-delà de ses espérances.

Quelqu'un m'entretenait un soir, dans l'intimité de la causerie, d'une certaine collection très intéressante, spéciale aux origines parisiennes. On l'avait composée pièce à pièce, sans guère de ressources personnelles ni de fortune, sans aide du gouvernement ni de la ville, mais à force d'énergie et de sagacité. Cet étrange musée n'était plus même à Paris. Il fallait, me disait-on, l'aller chercher dans un coin de banlieue où l'avait translaté son possesseur. Ces détails piquèrent ma curiosité. Elle se fût éveillée pour beaucoup moins. Je voulus connaître, examiner, apprécier ; je le voulus dès le lendemain. Les dilettanti ont de ces caprices subits et impérieux. Autant qu'il nous en souvient, le moment n'était nullement favorable à une telle expédition: un affreux temps d'hiver. Le ciel était rayé d'averses. Une pluie dense et que le vent du Nord poussait âprement au visage, détrempait les routes. Toutes les tristesses hiémales contribuaient à désoler le regard. Mais je ne songeais qu'à Lutèce, à nos rudes ancêtres, aux Gaulois dont le sang, malgré tant de mélanges de peuples, coule encore dans nos veines. Et j'allais d'un pas rapide au loin, vers le plateau de Montrouge; car c'était là ma destination. On avait installé dans la vieille commune, le *Mons rubicus* des anciennes chartes, une succursale privée de l'hôtel Carnavalet. Enfin, je touchai au but. Je franchis le seuil de la maison. Notre antiquaire, déjà prévenu, s'offrit à nous en faire les honneurs, avec cette bonne grâce empressée, avec cet aimable contentement d'un collectionneur artiste, justement fier d'inventorier ses richesses. L'ensemble de l'habitation pouvait s'embrasser d'un regard. Un vestibule, assez semblable au *chalcidicum* des Grecs, y donne accès. Devant et derrière, un jardinet. En face, un escalier, décoré de peintures et de quelques dessins de maîtres, conduit à l'étage supérieur, où se trouve disposé en deux parties le musée lutétien.

Une heureuse ordonnance y règne, provoquant l'attention de prime abord. A droite se prolongent plusieurs vitrines, affectées à la représentation de la période gallo-romaine. Au centre s'étale une collection d'armes en bronze, tirées naguère du lit vaseux de la Seine. Quelle panoplie ! A l'aspect de ces lances, épées, poignards ou haches barbares, l'imagination aussitôt travaille. Elle ne peut se défendre de rebrousser chemin à travers les siècles et de songer. Ces instruments de guerre n'appartiennent-ils pas à l'époque de la conquête des Gaules ? Les grands souvenirs historiques remontent à la mémoire. La pensée rétrograde jusqu'au temps de César et de Camulogène. Délaissant la vaste cité d'aujourd'hui, la capitale aveuglante de lumière, abandonnant derrière elle, tour à tour, le Paris de la Révolution ou dé la Régence, le Paris du grand siècle, bien étroit, bien obscur, le Paris de la Renaissance si bizarrement composite, puis la sombre cité du moyen âge, la ville de Philippe-Auguste, puis la fangeuse bourgade des Capétiens, elle va toujours, elle ne voit plus que Lutèce et ses cabanes, Lutèce et sa ceinture de marécages. C'est à l'heure terrible où la Gaule entière s'est levée contre l'envahisseur. Les provinces ont abdiqué, devant le péril de la commune patrie, leurs rivalités, leurs jalousies, leurs querelles particulières ; les chefs se sont groupés sous l'unique inspiration du héros des Arvernes ; et, pendant que Vercingétorix s'apprête à soutenir l'effotr des légions, les Parises aux cheveux longs et flottants, au regard dur et farouche, défendent contre les soldats de Labiénus leur lambeau de territoire. Ces armes, incrustées de rouille, se sont trempées dans le sang romain avant d'échapper à la main défaillante des guerriers gaulois, vaincus par la science et par la discipline. Ainsi, quelques morceaux de bronze sont, après vingt siècles, capables d'émouvoir la fibre nationale. Tout à côté, voisinent de moins redoutables objets. Ce sont des bijoux, des épingles, qui servaient à relever la beauté des Gauloises, — les sévères Gauloises au foyer desquelles résidaient à demeure la continence et la fidélité. Hélas ! une autre vitrine nous ramène de force aux violences et aux douleurs de l'existence humaine. Voici, complètement installée, la trousse d'un chirurgien du IIIe siècle, d'un contemporain de Galien. Elle est unique au monde, et les instruments dont elle se compose prouvent assez manifestement, par la variété de la forme comme par la délicatesse de l'exécution, que la science du scalpel ne date pas d'hier, et que les anciens se connaissaient aussi des opérateurs de premier ordre, capables d'extirper, de trancher, d'inciser, de fouiller au plus profond des chairs pour en arracher la gangrène. De cette trousse nous passons à des biberons : c'est un ensemble de jolis guttus, qu'on employait au profit de l'allaitement artificiel. Etranges petits objets, bien intéressants à l'œil du philosophe ou du moraliste, et qui suscitent de bien singulières réflexions sur les premiers devoirs de l'éducation maternelle. Ailleurs, la céramique a son exposition originale : fragments de verre portant le sigillum, petites poteries gallo-romaines en terre sigillée, calix de différentes façons, voilà pour nous initier aux détails de l'existence domestique et ménagère des habitants de Lutèce. Non-loin se dressent des urnes funéraires, dont quelques-unes gardent encore les cendres mortelles qui leur furent confiées. Voyez ces vases à col étroit et au corps renflé : ils servaient à verser le liquide enfermé dans leurs flancs ; admirez cet *unguentarium :* c'est le flacon à odeurs qui parfumait la sensualité d'une Romaine. Ici, c'est le *catinum,* le plat creux où l'on apportait et découpait les viandes. Là, ce sont : l'amphore traditionnelle, la *cupa* ou vaisseau de verre et *l'ampulla* dont les formes et les destinations étaient infinies. Sur la gauche s'étagent des poteries de toutes grandeurs en terre grise, noire, rouge, datant des IVe et Ve siècles de l'ère chrétienne ; un superbe vase, couvert d'un beau vernis graphitique, antérieur à la conquête ; puis un immense plat en terre rouge, d'un mètre de tour ; des débris anatomiques, des lampes en terre et en bronze, des fibules artistiques, que sais-je encore ! Si nous portons nos pas dans la pièce voisine, les yeux n'ont qu'à errer parmi cette profusion de choses, allant de l'époque à demi barbare des Mérovingiens jusqu'au temps glorieux du Roi-Soleil : francisques, scramasas, poignards, lancès, glaives, pointes de flèches — et jouets d'enfants.

Chacun de ces mille objets eût offert à l'inspection précise d'un homme du métier, d'un archéologue, la matière d'une monographie, riche de contrastes ou de rapprochements entre ce qui fut et ce qui est. Nous, simple curieux, nous les avions étudiés en dilettante sans prétention et comme un érudit de hasard. L'examen avait été long, très long, et le plaisir extrême. Reconnaissant de cette impression goûtée, nous voulûmes en fixer le souvenir; en prenant congé de M. Eugène Toulouze, nous revendiquâmes l'honneur d'annoncer au public savant ses découvertes. Graveur de fine pointe, céramiste honorablement connu, archéologue éprouvé, lui-même en retracera l'historique, le dessin et la description. Précieuses, intrinsèquement, pour la rareté des débris qu'elles ont arrachés au sous-sol parisien, elles auront, en outre, le suprême avantage d'apporter des renseignements positifs sur une foule de points mal éclaircis. Elles fourniront aux érudits des témoignages qu'ils ne négligeront point de mettre en lumière, touchant les arts au moyen âge, l'histoire de la médecine ancienne ou de l'industrie de nos pères. Et la ville de Paris ne voudra plus ignorer qu'elle doit aux fouilles de M. Eugène Toulouze la création d'un véritable musée dont il lui conviendra, sans doute un jour, de sauvegarder l'existence et de consacrer la mémoire.

Frédéric LOLIÉE

PLANCHE 1re

Saint-Marcel à travers les âges

Plan des Champs de Sépultures

.B Boulevard Arago, 1. — Fragment de colonne antique (donné à M. Duconnuorard, pour le musée de Cluny).
O Puits du moyen-âge et des trois derniers siècles.
. Squelettes à même le sol.
— Sarcophages en pierre, plâtre ou plomb.
⸪ Estrapade en potence.
A Sépultures gallo-romaines appartenant aux IVe et Ve siècles (poteries, verreries).
B Sépultures mérovingiennes, carlovingiennes et de tout le moyen-âge.
C Sépultures de toutes les époques, l'agglomération principale appartient au moyen-âge (poteries vernies des XIIe et XIIIe siècles).
D Sépultures des XII, XIII, XIV, XV, XVI et XVIIe siècles.
E Sépulture gallo-romaine, couvercle de sarcophage portant une inscription fruste.
F 19 Ancien aqueduc moyen-âge.
.1 Avenue des Gobelins (voie ouverte sous le règne de Napoléon III)
.2 Boulevard Saint-Marcel (............... id ....)
.3 Boulevard Arago (............... id ....)
.4 Boulevard de Port-Royal (............... id ....)
.5 Rue de la Collégiale (............... id ....)
.6 Rue Ortolan (ouverte en 1887).
1 Rue Pierre Lombard.
2 Rue Saint-Marcel.
3 Église Saint-Marcel (collégiale).
4 Église Saint-Martin.
5 Cloître Saint-Marcel.
6 Rue des Francs-Bourgeois.
7 Rue de la Reine Blanche.
8 Rue des Hauts-Fossés Saint-Marcel, aujourd'hui rue Lebrun.
9 Ancienne rue du Fer, du Jardin du Roy et rue des Fossés Saint-Marcel.
10 La croix Clamart (à l'emplacement de cette croix s'élève la fontaine Saint-Hilaire).
11 Cabaret des Maquignons, situé rue Geoffroy Saint Hilaire, en face l'ancien Marché aux Chevaux et aux Cochons.
12 Ancien Marché aux Chevaux et aux Cochons.
13 Rue des Saussayes, aujourd'hui rue Poliveau.
14 Rue Geoffroy Saint-Hilaire.
15 Rivière des Gobelins ou de la Bièvre.
16 Rue de la Muette, aujourd'hui rue du Fer à Moulin.
17 Rue du Fer à Moulin.
18 Place Scipion.
19 Rue de la Clef.
20 Pont aux Choux.
21 Pont Coupeaux.
22 Rue de la Barrière de la Barrière, ainsi nommée en 1650 environ, aujourd'hui rue Scipion.
23 Rue du Petit Moine.
24 Pont aux Tripes.
25 Ancienne Boucherie (existait en 1532).
26 Cul de sac d'Entreleue, absorbé en partie par l'avenue des Gobelins et par les nouvelles constructions élevées en 1884 et 1885.
27 Rue de la Boucherie, rue Mouffetard, aujourd'hui avenue des Gobelins.
28 Rue Mouetar, rue Mouffetard, aujourd'hui avenue des Gobelins.
29 Rue Mouetar, en 1752 rue Gautier Renau, rue Mouffetard, aujourd'hui avenue des Gobelins.
30 Rue Croulebarbe, du nom de Jean de Croulebarbe, propriétaire du moulin de ce nom.
31 Ancienne culture hors St-Marcel, vignes, et plus haut, puits à extraire la pierre de taille.
32 Manufacture des Gobelins.
33 Jardins de l'ancienne propriété de la Reine Blanche ou des Marmousets.
34 Maison du XIVe siècle.
35 Rue de Bièvre, depuis rue des Gobelins.
36 Rue des Marmousets.
37 Église St-Hippolyte.
38 Rue Pierre Assis.
39 Rue des Couteaux.
40 Rue des Tchatariers et rue St-Hippolyte.
41 Hospice Ste-Marthe.
42 Rue de Valence.
44 Maladrerie Ste-Valère (était encore là en 1706).
44 Terrains de culture cultivés en vergers.
45 Rue de Pascal.
46 École d'anatomie.
47 École de la Ville de Paris.
48 Boulangerie générale Scipion (assistance publique).
49 Hypogée reconnue en 1885 rue Ortolan.

Pl. 1.

St MARCEL
À TRAVERS LES ÂGES

PLAN
DES CHAMPS
DE
SÉPULTURES

RECHERCHES

HISTORIQUES ET ARCHÉOLOGIQUES

SUR DIVERS POINTS

DU VIEUX PARIS

d'après les découvertes récentes de l'Auteur

PAR M. TOULOUZE

Membre correspondant

---

194 PLANS ET FIGURES DESSINÉS ET GRAVÉS PAR L'AUTEUR

CHAPITRE Ier

QUARTIER DE LA SALPÉTRIÈRE

(ancien Quartier St-Marcel)

Dans un terrain vague, situé boulevard Saint-Marcel, près
de la rue Mouffetard, — la vieille rue mémorable aux yeux
de l'antiquaire, où chaque maison garde encore son cachet,
quand à l'entour d'elle tout se transforme et se moder-
nise — on reconnaissait, il y a quelques années, les débris
d'un monument religieux ayant appartenu à l'église collé-

giale de St-Marcel. Les derniers vestiges de ce monument furent condamnés naguère à disparaître : ils devaient faire place à de nouvelles constructions en bordure du boulevard et à une nouvelle voie, la rue Ortolan.

Une partie de la collégiale ayant été explorée en 1868-1869, il importait de profiter de ces travaux, et d'en tirer des inductions utiles pour diriger nos recherches, en 1882, à travers des ruines qu'on allait le lendemain éparpiller aux quatre vents de l'horizon, et pour éclairer nos fouilles parmi les sépultures nombreuses qui cernaient l'église autrefois si vénérée des habitants de Paris. Tels furent, en effet, les premiers points de repère de nos propres découvertes.

Avant d'exposer celles-ci, comme de simples témoignages documentaires, il semblera peut-être intéressant que nous donnions, en manière de préambule, un court résumé de l'hagiographie de saint Marcel, de la dévotion particulière qui s'attachait à son culte, et des conséquences de cette dévotion par laquelle nous est expliquée d'abord l'abondance des sépultures qui se groupèrent autour de l'édifice consacré.

§ I.

L'évêque Marcel naquit vers la fin du ive siècle, rue des Herbiers, dans la Cité, près de Saint-Germain-le-Vieux. Cette église avait sa légende. Au temps de sa fondation, elle fut placée sous le patronage de saint Jean-Baptiste. A l'approche des Normands dévastateurs, l'abbé de Saint-Germain-des-Prés avait fait transporter à Saint-Jean-Baptiste les reliques de saint Germain ; puis, le péril passé, les hommes du Nord partis, il s'était empressé de réclamer la précieuse châsse. Mais le clergé de St-Jean-Baptiste n'y voulut plus octroyer qu'à la condition expresse qu'un bras du squelette serait détaché du corps et demeurerait à l'église qui lui avait servi d'asile. Et voilà comment celle-ci devait rester jusqu'en 1802, époque de sa destruction, sous la dédicace du saint devenu manchot. La maison où Marcel vit le jour occupait sans doute l'emplacement où se trouvait en 1230 celle de maître Anguerant de Parenty, docteur régent et chanoine de Paris : sur la porte de cette dernière, on remarquait, en effet, une image représentant saint Marcel et sainte Geneviève, les deux protecteurs populaires de la vieille cité parisienne. Aussitôt qu'il fut parvenu en âge, l'évêque Prudence l'ordonna lecteur, fonction assez semblable à l'office de conservateur ou de sacristain et qui consistait à lire les leçons aux enfants de chœur, à enseigner aux chantres à chanter les psaumes pendant le service divin, enfin à veiller à l'entretien de la décoration de l'église. Et dès lors, selon le langage du vieux temps, il commença « à florir en miracle ». Beaucoup de notables faits et belles actions miraculeuses sont attribués à Marcel. D'après le récit de Fortunat, sur le bruit de sa sainteté, les suffrages du peuple se réunirent pour le proclamer évêque de Paris.

Il mourut en 436 et fut inhumé dans la chapelle Saint-Clément, où s'éleva plus tard l'église Saint-Marcel. Ses restes, enfermés dans un reliquaire, furent transportés ensuite à la cathédrale de Paris, afin d'être mis à l'abri des Normands, qui ravageaient les faubourgs de la ville. Lorsque les terribles pillards se furent éloignés définitivement, le clergé de Saint-Marcel se hâta de réclamer la châsse patronale ; mais à son tour, le chapitre de Notre-Dame, renouvelant les débats que nous contions tout à l'heure des deux paroisses de Saint-Jean-Baptiste et de Saint-Germain, refusa de restituer le dépôt sacré. On dit, néanmoins sous toutes réserves, que la châsse, dont la matière était d'argent, fut convertie en monnaie pour les besoins du pays. Suivant la description d'un auteur ancien, elle était de vermeil doré, en forme d'église avec deux bas côtés ; couverte de fleurs de lys ciselées, d'appliques, dans des compartiments à losanges dont les enfoncements étaient des lames d'or, elle se montrait enrichie de plusieurs figures d'or émaillé avec un grand nombre de pierres précieuses. Ce n'est qu'à partir du xe siècle que la Capsa, petit coffre ou cassette destinée à recevoir les restes sacrés des bienheureux, prit la figure d'une église gothique, figure parfaitement appropriée, d'ailleurs, à cet usage remontant aux premiers siècles du christianisme. De même, en France, ce n'est que depuis saint Eloi, par qui l'art de l'orfèvrerie fut porté à un degré de perfection si étonnant pour l'époque, que ces petits monuments commencèrent à se répandre dans les églises d'une certaine importance.

Aux siècles antérieurs il était, en effet, très rare de voir une église qui ne possédât le reliquaire de son saint privilégié, auquel la croyance populaire attribuait le pouvoir de protéger la circonscription locale contre toutes espèces de fléaux : peste, famine, guerre, incendie, etc., ou d'en arrêter les tristes effets. Dès que s'abattait sur la ville une calamité (et Dieu sait si le cas était fréquent !), la châsse sortait du lieu saint, promenée en grande pompe à travers les rues par le clergé, et suivie par une population confiante.

Plusieurs églises revendiquaient souvent la propriété des reliques du même saint.

On ignore à quelle époque remonte exactement la construction de la châsse de saint Marcel. On sait seulement que celle de sainte Geneviève fut refaite vers le milieu du xiiie siècle.

La châsse de sainte Geneviève, supportée par quatre statues de vierges plus grandes que nature, était composée d'une infinité de détails en or et pierreries. Saisie par le gouvernement révolutionnaire, elle fut envoyée à l'hôtel des Monnaies, puis on dressa le procès-verbal suivant :

« Nous avons trouvé dans la caisse extérieure une
» caisse en forme de tombeau, couverte de peau de mouton
» blanc et garnie de bandes de fer dans toutes ses parties.
» Cette caisse a deux pieds neuf pouces de long et quinze

» pouces de hauteur : elle était soutenue avec du coton, sur
» lequel nous avons trouvé une petite bourse en soie
» cramoisie, ayant d'un côté un aigle à double tête et de
» l'autre deux aigles avec deux fleurs de lis au milieu,
» brodés en or. Dans la bourse est un petit morceau de
» soie dans lequel est enveloppée une espèce de terre. Dans
» le cercueil il s'est trouvé deux petites lanières en peau
» jaune. Dans une des extrémités, un paquet de toile blanche,
» attaché avec un lacet de fil ; dans ce paquet vingt-quatre
» autres paquets, les uns de toile, d'autres de peau, et
» plusieurs bourses de peau de différentes couleurs ; une
» fiole lacrymatoire bouchée avec du chiffon et contenant
» un peu de liqueur brunâtre desséchée : une bande de
» parchemin sur laquelle est écrit : *Una pars casulœ*
» *sancti Petri principis apostolorum*, et plusieurs autres
» inscriptions en parchemin que nous n'avons pu déchiffrer.
» Ces vingt-quatre paquets en contenaient beaucoup d'autres
» plus petits, renfermant de petites parties de terre qu'il n'est
» pas possible de décrire ; un de ces paquets, en forme de
» bourse, contient une tête en émail noir de la grosseur
» d'une petite noix, et d'une figure hideuse, dans laquelle
» est un papier contenant une partie d'ossements.

» Un autre paquet de toile blanche gommée contenait
» les ossements d'un cadavre et une tête sur laquelle il y
» avait plusieurs dépôts de sélénites, ou plâtre cristallisé ;
» nous n'y avons pas trouvé les os du bassin. Nous avons
» aussi trouvé une bande de parchemin portant ces
» mots : *Hîc jacet humanum sanctœ corpus Genovefœ ;*
» plus, un stylet en cuivre, en forme de pelle d'un côté et
» pointu de l'autre.

» Cette châsse a été réparée en 1614 par Nicole, orfèvre
» de Paris, elle est de bois de chêne très épais. Nous y
» avons remarqué une agate gravée en creux, représentant
» Mutius Scœvola, brûlant sa main devant le tyran
» Porsenna ; au-dessous est gravé Constantin.... Sur une

» autre pierre on voyait Ganymède enlevé par l'aigle de
» Jupiter. Quelques-unes offraient des Vénus, des Amours
» et divers attributs de la mythologie. »

Selon Frodoard, chanoine de Reims, au xe siècle, il y eut
dans la cathédrale de Paris un plus grand nombre de
guérisons que dans les autres églises, alors que la terrible
maladie des Ardents, ou feu sacré sévissait à Paris
comme dans les provinces, joignant ses horreurs à celles de
la misère affreuse et des famines successives qui d'une
action commune, dépeuplaient notre malheureux pays. Ce
témoignage ferait supposer que le corps de saint Marcel
était alors dans l'église Notre-Dame et qu'il passait pour le
meilleur protecteur de la ville contre la maladie des Ardents.
Il semblerait aussi que, dans les processions qui se faisaient
à dessein de préserver Paris contre les fléaux, l'association
des reliques de saint Marcel, avec celles de sainte
Geneviève fut nécessaire, du moins à partir d'une certaine
époque. A l'appui de cette hypothèse, nous citerons le fait
suivant. L'empereur Baudouin avait vendu à saint Louis,
peut-être trop crédule, la fameuse couronne d'épines. Les
chapitres et monastères de Paris reçurent l'ordre de venir,
en emportant avec eux leurs plus précieuses reliques, rendre
hommage à la sainte couronne. Les chanoines de Sainte-
Geneviève s'y refusèrent, alléguant que la châsse de la sainte
ne sortait pas de son église, à moins que celle de saint
Marcel ne vînt l'y inviter.

Dans les jours calamiteux, les jours de peste, de disette
générale, de pluies diluviennes ou de sécheresse prolongée,
les châsses de saint Marcel et de sainte Geneviève allaient
donc à travers la ville et les faubourgs, portées par des clercs,
processionnellement accompagnées de l'évêque de Paris, du
chapitre de la cathédrale, du prévôt des marchands, des
échevins. La corporation des orfèvres était représentée à la
cérémonie par six de ses membres qui, précédant les châsses,
portaient le cierge en main et avaient couronne de fleurs en

PLANCHE 2

Saint-Marcel en 1550

1 Fausse porte St-Marcel.
2 Rue de la Reine Blanche.
3 Rue des Fossés St-Marcel ou rue des Hauts Fossés St-Marcel, aujourd'hui rue Lebrun.
3 bis Rue du Fer, rue du Jardin du Roy, aujourd'hui rue des Fossés St-Marcel.
4 La croix Clamart, emplacement occupé aujourd'hui par la fontaine Geoffroy St-Hilaire et les deux arbres de la Liberté.
5 Rue du Fer à Moulin.
6 Pont aux Tripes.
7 Pont Coupeau.
8 Eglise St-Marcel.
9 Eglise St-Hippolyte.
10 Eglise des Cordelières.
11 Rue des Teinturiers.
11 bis Rue St-Hippolyte.
12 Rue de la Barre ou de la Barrière.
13 Porte de la Barre et rue des Francs-Bourgeois.
14 Rue des Cordelières.
15 Château de la Reine Blanche ou des Marmousets près la manufacture des Gobelins.
16 Rue des Marmousets.
17 Rue Pierre Assis.
18 Rue des Trois Couronnes.
19 Rue Pierre Lombard.
20 Rue du Petit Moine.
21 Rue de Lourcine.
22 Rue des Gobelins.
23 Rivière des Gobelins ou de Bièvre.
24 St-Médard.
25 Place de la Collégiale ou Cloître St-Marcel.
26 Rue St-Marcel.
27 Puits public.
29 Cabaret des Maquignons.
30 Rue des Saussayes.
31 Eglise St-Martin.
32 Porte St-Marcel.
33 Cul de sac d'Entrelasse.
34 Hospice Ste-Marthe.
35 Rue de la Muette.
36 Maladrerie Ste-Valère.
37 Rue Moustar, rue Mouffetard.
38 Rue Gautier Renan.
39 Boucherie St-Marcel.
40 Vignes.
41 Rue de Crouisbarbe.

tête. Cette coutume existait encore sous Louis XIII. Les corporations ou communautés d'artisans privilégiés, qui possédaient quelque considération, envoyaient des délégués chargés de suivre la procession. La plus considérable d'entre elles, le corps des marchands, après avoir varié, avait fixé le nombre de ses délégués à six.

Dans ces cérémonies, on portait les deux châsses côte à côte en ayant grand soin d'empêcher leur contact; autrement, selon la croyance populaire, les deux saints éprouvaient l'un pour l'autre une affection telle qu'après s'être touchés ils n'auraient plus voulu se séparer et rentrer dans leur église réciproque.

En 1535, nous voyons les châsses des deux saints figurer dans une procession solennelle ordonnée par François Ier, pour affermir le respect aux reliques alors en butte aux dérisions des protestants. La promenade sacrée n'eut pas le résultat qu'on en attendait; la puissance des reliques, souvent aidée par le hasard des circonstances favorables ou soutenues par l'obstination de la crédulité publique, se trouva, cette fois, mise en défaut, et, pas plus que les persécutions royales, que les sentences ecclésiastiques, que la flamme des bûchers, elle n'eut la force d'arrêter la marche croissante de la Réforme.

§ II.

Revenons à notre saint. L'évêque Marcel fut donc inhumé, comme nous l'avons dit plus haut, au Ve siècle, dans une chapelle située sur une légère éminence, aujourd'hui disparue en partie, par suite des travaux exécutés pour le percement de plusieurs voies nouvelles *(voir le plan)*. Des maisons se construisirent à côté de cette chapelle devenue église et le village formé toucha bientôt à l'un des faubourgs de Paris. L'importance même de la

population devint telle que l'église collégiale parut insuffi-
sante, et, vers le XIIᵉ siècle, une autre chapelle, sous le
vocable de saint Martin, fut élevée en bordure de la place
de la Collégiale.

L'église Saint-Marcel existait au IXᵉ siècle, desservie par
un nombreux clergé. Ruinée par les Normands, elle fut
reconstruite au XIᵉ. Il y a quelque quatre-vingts ans, on
la voyait encore sur l'emplacement occupé aujourd'hui
par les maisons portant les numéros 51, 53 et 55 du
boulevard Saint-Marcel et les numéros 3 et 4 de la rue
Ortolan. Dans la décoration extérieure de l'église on aper-
cevait, au siècle dernier, un motif sculpté en relief représentant saint Marcel avec un taureau couché. C'était pour
perpétuer le souvenir d'un notable miracle qu'il avait
accompli pendant son épiscopat. Un taureau en furie,
rapporte la tradition, s'était échappé et répandait la terreur
dans la ville. Quelques fidèles allèrent implorer l'assistance
de l'évêque. Revêtu de ses habits pontificaux, le saint prélat
s'avança à la rencontre de la bête furieuse qui, à sa vue,
s'arrêta et se prosterna. Saint Marcel, profitant de l'attitude
du monstre, lui passa au cou son étole et le conduisit à
travers la ville à la grande joie des habitants à peine reve-
nus de leur terreur. Aussi le peuple, en mémoire du mira-
culeux évènement, avait-il la coutume de porter, aux
processions des Rogations, un énorme monstre ou dragon
d'osier, coutume qui fut observée jusqu'au commencement
du XVIIIᵉ siècle. La statue de saint Marcel qui, de nos
jours encore se reconnaît, placée au milieu du trumeau de
la porte méridionale de Notre-Dame et le montre foulant
aux pieds un serpent ailé, semble aussi commémorer ce
miracle, le point saillant de la légende du pieux évêque.

C'est dans l'église de Saint-Marcel qu'on avait édifié le
tombeau de Pierre Lombard, savant théologien, *dit le
Maître des Sentences*, qui mourut évêque de Paris, en

1164. Son épitaphe, composée par le chanoine Morel, était placée au milieu du chœur :

Hic jacet Lombardus Parisiensis
Episcopus qui composuit librun
Sentatiacum, glossas Psalmorum
et Epistolarum, cujus obitus dies
est 13 cal. Augusti.

Ce Pierre Lombard avait joué, sans le vouloir, un rôle dont les conséquences furent longues et fâcheuses pendant une période de notre histoire. On en connaît les circonstances singulières.

Un concile venait de décider que « ceux qui porteraient » de longs cheveux seraient exclus de l'Eglise et qu'on ne » prierait pas pour eux après leur mort ». Cette décision sacrée sur la longueur du poil semblait intéresser au plus haut point le bonheur de l'humanité. Elle eut pour résultat en France de compromettre jusqu'à l'existence de la monarchie par les troubles survenus après le divorce de Louis VII et d'Eléonore d'Aquitaine. Sur les représentations de Pierre Lombard, Louis VII avait donné l'exemple de la soumission aux ordres du concile en se faisant tondre les cheveux et raser la barbe. Cet excès de dévotion de la part du roi provoqua les plaisanteries de la reine Eléonore qui déclara même, avec une légèreté mêlée d'un certain dédain, qu'elle avait pour époux non pas un roi mais un moine. L'insulte parut grave, si grave qu'elle fut un des points principaux sur lesquels s'appuya le concile de Beaugency (1) pour casser le mariage de Louis VII. Aussitôt après son divorce, Eléonore donna, avec sa main, son bel héritage à Henri Plantagenet, duc de Normandie et comte d'Anjou.

(1) Le prétexte fut la parenté entre le roi et la reine.
La preuve fut faite par quelques seigneurs qui étaient parents de la Reine.
Les archevêques de Sens, Bordeaux, Reims, Rouen, autres évêques et grands seigneurs composérent le Concile de Beaugency qui s'assembla le Mardi avant Pâque Fleurie de l'année 1152.

On connaît les suites de cette union.

Le nombreux clergé de Saint-Marcel jouissait de grands priviléges, un des principaux était l'hérédité du canonicat. Une inscription funéraire trouvée dans les fouilles de l'église se composait des mots suivants, d'une orthographe douteuse :

Ci Git pierre Le Coq
Dès L'age de 17. ans chan
oine de St Marcel y est
Mort le 26. Déc^{bre} 1736
Agée de 84. ans

Requiescat IN PACE.

Cette épitaphe, qui fait partie de notre collection, était gravée sur une plaque de marbre blanc mesurant 0^m 42 de largeur sur 0^{m}24 de hauteur. Comme on peut le voir par ce monument, le clergé de Saint-Marcel devait se composer, sinon en totalité, du moins en partie, de chanoines héréditaires. Cette élévation aux honneurs et aux bénéfices du canonicat, avec pouvoir de les transmettre à leurs descendants comme bien patrimonial et séculier, était sans doute conférée aux fidèles généreux, dont les libéralités envers le clergé et la paroisse méritaient une telle récompense. Qui ne sait, en effet, que les seigneurs laïques possédaient un bon nombre de bénéfices ecclésiastiques : prieurés, abbayes, cures, évêchés même, qu'ils les faisaient valoir par des clercs peu favorisés sous le rapport de la fortune, et que ceux-ci prélevaient un droit pour le compte de leur patron ou suzerain sur le produit des sépultures, sur les bénédictions, les offrandes, les oblations, les baptèmes, etc.?

Les chanoines devaient résider à la collégiale et chanter l'office divin aux heures fixées. Peu à peu cette règle se relàcha, et ils se firent remplacer par des chantres à gages qui louaient Dieu pendant leur absence, — quelle que fût, d'ailleurs, la raison de cette absence, motif nécessaire ou fantaisie de cabaret.

Les chapitres des églises collégiales jouissaient à peu près des mêmes priviléges que ceux des églises cathédrales. Les chanoines ne vivaient pas en commun. La dignité de chanoine a été souvent confondue avec la prébende: le temporel dominait dans celle-ci, tandis que le canonicat était plutôt une dignité spirituelle, donnant à son titulaire le droit de prendre place dans le chœur de l'église qui le comptait parmi les membres de son chapitre.

A l'époque où la collégiale de Saint-Marcel était dans sa période la plus florissante, on admettait comme principe que les mineurs de dix ans pouvaient briguer la dignité de chanoine; l'épitaphe de Pierre Lecoq paraît en être la preuve. L'abus ne devait disparaître entièrement qu'à la Révolution.

Ces priviléges du chapitre de Saint-Marcel sont affirmés par Etienne Cholet, dans ses *Remarques singulières de la Ville de Paris et de ses faubourgs,* au passage où il dit que « les chanoines de Saint-Marcel étaient dotés de plusieurs immunitéz ». On verra ce chapitre faire partie des seize justices féodales ecclésiastiques (1) jusque sous le règne de Louis XIV, jusqu'en 1614 où, par un édit du mois de février, le monarque réunit au Châtelet ces diverses justices féodales.

Les dépendances de la Collégiale étaient considérables; on y accédait par les rues Pierre Lombart, Saint-Marcel et des Francs Bourgeois (planche 11, figure 7). La cour du cloître, plantée d'arbres, séparait l'église Saint-Marcel de l'église Saint-Martin. Celle-ci était située à l'angle septentrional de la rue des Francs Bourgeois, à l'endroit où se

---

(1) C'étaient: les chapitres de Saint-Marcel, Saint-Benoît et Saint-Merri ; les prieurés de Saint-Martin-des-Champs, du Temple, de Saint-Denis de la Chartre, de Saint-Eloi, de Saint-Lazare, de l'archevêque de Paris au For-Lévèque, de l'Officialité à l'Archevêché, des chapitres de Notre-Dame, de l'abbaye de Saint-Germain-des-Prés, de Sainte-Geneviève, de Saint-Victor, de Saint-Magloire et de Saint-Antoine-des-Champs.

trouvent aujourd'hui les n°s 1, 2, 3 et 4 de la rue de la Collégiale, à quelques mètres du boulevard St-Marcel, dont les n°s 53, 55, 82, 84 et 86 sont construits sur la cour ou plutôt sur le cloître de la Collégiale. A droite et à gauche de ce boulevard s'étendaient des sépultures des xe, xie, xiie, xiiie, xive et xve siècles. Les cours des maisons portant les n°s 27, 29, 31, 33, 35, 49, 51, 53, 55, 68, 70, 72, 74, 82, 84 et 86 renferment encore à même le sol des sépultures et des sarcophages en pierre, en plâtre plus rarement, et en plomb. Le terrain des propriétés portant les n°s 37 et 47 n'a pas encore été fouillé.

Si l'on soulevait les pavés d'une partie de la rue Ortolan, si l'on explorait profondément les cours des maisons particulières construites dans cette rue, on trouverait certainement des sépultures remontant aux mêmes époques que celles du boulevard Saint-Marcel.

On a rencontré aussi quelques sépultures au point de jonction de la rue de la Reine Blanche et de la rue Lebrun, ancienne rue des Hauts Fossés St-Marcel, vis-à-vis de la vieille maison qui formait l'angle saillant et qui vient de disparaître en mai 1884 (planche 15, figure 1). Cette construction était une des plus anciennes de cette partie de l'ancien quartier St-Marcel.

En 1668, l'évêque de Soissons et un protonotaire habitant le cloître Saint-Marcel furent chargés de faire la vérification de reliques, parmi lesquelles on reconnut celle de saint Fortunat, martyr, envoyée de Rome par le cardinal Ginetti. L'expertise démontra que la tête du saint n'était qu'une effigie. Les experts en restèrent là et ne procédèrent pas à l'examen des autres ossements.

§ III

Nous connaissons assez maintenant, par les détails qui viennent d'être fournis, l'importance de la Collégiale de

Saint-Marcel et la ferveur de dévotion qu'inspirait le nom du bienheureux, au moyen âge, pour bien comprendre qu'on eût choisi, dans ce temps-là, comme champ de sépulture privilégié, les alentours de l'église placée sous la protection de l'ancien évêque de Paris.

Les peuples de l'antiquité attachaient une religieuse importance à l'inhumation de leurs morts. C'est la vieille tradition classique : l'âme de celui qui avait été privé de sépulture errait éternellement sur les bords du Styx, dont les eaux étaient considérées comme un poison mortel. Les Grecs et les Romains incinéraient le plus souvent leurs morts, et les cendres, recueillies pieusement, étaient renfermées dans des urnes dont la conservation était chose sacrée pour la famille. Dans une lettre écrite au peuple d'Antioche par Julien, on peut voir que cet empereur regardait comme un sacrilége le moindre attentat aux sépultures. « L'audace des profanateurs, y est-il dit, viole les sépultures et les tombeaux, quoique nos ancêtres aient toujours regardé comme le crime le plus énorme, après le sacrilége, l'action d'en enlever une pierre, d'y fouir, d'en arracher le gazon. Ils ne craignent pas d'en détacher les ornements pour décorer leurs salons et leurs portiques. Voulant donc empêcher que l'on commette de tels attentats, nous ordonnons que quiconque s'en rendra coupable soit puni comme ceux qui manquent de respect aux dieux mânes. »

Constantin, dans une loi sur le divorce, reconnaissait à la femme le droit de se séparer de son mari s'il avait commis le crime odieux entre tous de violer un sépulcre.

L'incinération, qui se pratiquait de la plus haute antiquité, se continua en France sous la domination romaine. Cette antique coutume offre sur l'inhumation un avantage considérable. La combustion complète des matières organiques du corps humain supprime le danger des miasmes insalubres auxquels on attribue les épidémies épouvantables qui sévirent sur notre vieux Paris.

Malgré les inconvénients de l'inhumation, elle se faisait autour et même à l'intérieur des églises. Le clergé seul, avant la Révolution de 1789, avait toute autorité sur les morts et refusait impitoyablement la sépulture dans le cimetière aux comédiens, aux duellistes, aux hérétiques, aux suicidés. Un seul exemple fera juger de cette autorité sans réserves qui pouvait se porter aux dernières limites de l'arbitraire.

C'était en 1437. Une querelle s'éleva dans l'église des Saints-Innocents, entre un homme et une femme ; celle-ci, cédant à un mouvement de colère, frappa d'un coup d'éventail le visage de l'homme sur lequel apparurent quelques gouttes de sang. Cette légère blessure eut pour conséquence immédiate la fermeture de l'église, ordonnée par l'évêque. Pendant vingt-deux jours, toutes les cérémonies y furent suspendues, et aucun mort ne fut enterré dans le cimetière, dont les portes restèrent fermées.

Selon le *Journal de Paris* (règnes de Charles VI et de Charles VII), Denis Dumoulin fit également fermer le cimetière des Innocents pendant cent vingt jours. On n'y enterrait personne, on n'y faisait ni procession ni recommandation en faveur de personne. « L'évêque, pour en permettre l'usage, voulait avoir trop grande somme d'argent, et l'église était trop pauvre. »

Malgré les fiefs souvent nombreux qui constituaient la richesse de certains clergés, ceux-ci, avides d'argent, faisaient le trafic des choses religieuses. Ces abus se poursuivirent jusqu'au delà du XVIe siècle. Ainsi la sépulture était refusée à quiconque n'avait pas par son testament fait un legs au clergé de sa paroisse. Il en résultait que les héritiers, pour faire inhumer le défunt, demandaient la faveur de tester à sa place, ce qui d'ailleurs leur était accordé avec empressement.

On prétend que certains curés s'opposaient à la vocation des individus qui voulaient se faire moines, s'ils n'avaient pas acquitté la somme qu'aurait rapporté leur décès à la paroisse ; leur raisonnement était assez logique : celui qui prononçait ses vœux était mort pour le monde et par suite devait payer le prix de son inhumation.

La confession elle-même n'était pas gratuite et le clergé n'en donnait pas crédit ; témoin ce catholique qui fut obligé d'emprunter pour payer à son confesseur le droit de communier à Pâques ; témoin aussi, cette jeune fille de 15 à 16 ans qui crut devoir se prostituer pour avoir l'argent nécessaire à l'achat d'une paire de souliers et au paiement de son confesseur au moment de Pâques.

En résumé, tout se payait à l'église, et le droit d'être enterré plus cher que le reste.

L'usage d'inhumer les morts dans les édifices religieux s'explique aisément par la croyance que les prières des prêtres avaient plus d'efficacité, étant dites près du corps de celui qui en était l'objet. De plus, la dépouille mortelle était moins exposée, dans ces lieux, à la violation et à la profanation. Constantin le Grand fut le premier empereur qui voulut que sa dépouille mortelle fût conservée dans une église. Il choisit pour tombeau la basilique des Apôtres à Constantinople et son exemple fut suivi, pour ce qui concernait Honorius, en Occident. C'est sans doute à partir de cette époque que les prêtres commencèrent à tirer profit de l'ambition et de la vanité des riches, en deçà et au-delà de la tombe, et leur vendirent le droit à la sépulture dans le saint lieu et même dans le cimetière entourant l'église.

Un concile de l'an 895 permit spécialement aux ecclésiastiques de se faire inhumer dans les églises. Plus tard un concile tenu à Meaux étendit cette prérogative aux laïques qui s'en rendraient dignes. Naturellement, c'était aux chanoines et aux prêtres de la paroisse qu'appartenait le droit d'assigner dans l'église les places pour les sépultures,

Le roi seul avait le droit de choisir, dans son royaume, l'église où devait être érigé son tombeau. C'est ainsi que Philippe Ier fut enterré, d'après sa volonté, au monastère de Fleury, appelé depuis abbaye de St-Benoît, sur les bords de la Loire.

Louis XI, dont le culte pour la Vierge était fort grand, préféra à l'église de St-Denis Notre-Dame de Cléry où furent déposés ses restes mortels. La crainte que son désir ne fût pas respecté par ses successeurs au trône, lui fit solliciter et obtenir du pape Sixte IV une bulle d'excommunication contre ceux qui feraient exhumer son corps pour le porter ailleurs. Le tombeau du cruel et dévot monarque existe encore aujourd'hui dans l'église de Notre-Dame de Cléry.

§ IV

Être inhumé dans l'intérieur des monuments religieux était donc un privilége accordé aux gens riches et surtout aux hauts personnages de la noblesse. Une autre classe de la société, de moins haute qualité mais égale par la croyance, la bourgeoisie, obtint, à son tour, la faculté de reposer auprès des églises dans des cercueils de plomb ou de pierre. C'est ainsi qu'autour de Saint-Marcel, l'enclos fut littéralement comblé. Quelques centimètres à peine séparaient les sarcophages qui y ont été découverts ; et même à la tête et aux pieds des cercueils des adultes, on trouva des cercueils d'enfants qu'on avait adaptés là en quelque sorte par économie de terrain et comme si l'on avait craint d'en perdre jusqu'à la moindre parcelle. Quand l'enclos fut ainsi rempli, la difficulté d'accorder la sépulture autour de l'église fut vite surmontée. On déposa les cercueils nouveaux sur les premiers, et un second étage se forma qui fut suivi d'un troisième et enfin d'un quatrième et dernier. Celui-ci arrivait à fleur du sol. Le point où les sépultures étaient les plus serrées était le pied du clocher (côté nord) (planche 11, figure 2).

Ceux qui ne purent être inhumés près des murs de l'église Saint-Marcel furent déposés dans les terrains enveloppés aujourd'hui par l'avenue des Gobelins, la rue Lebrun (ancienne rue des Hauts Fossés Saint-Marcel), la rue des Fossés Saint-Marcel et la rue du Fer à Moulin. Je puis affirmer que dans le champ de sépultures entourant les deux églises de Saint-Marcel et de Saint-Martin, on a découvert plus de huit cents sépultures, sarcophages en pierre, en plâtre, en plomb ou sans séparation du sol.

Je n'ai rencontré dans ces tombes que très peu de curiosités dignes d'être appréciées par l'archéologie. Trois sarcophages méritaient d'attirer l'attention de prime abord. Les deux premiers appartiennent à l'époque gallo-romaine ; leur origine put être constatée d'après une pièce de monnaie à l'effigie de l'empereur Probus et quelques fragments de vases qu'ils enfermaient. Ces sépultures paraissaient avoir été violées depuis fort longtemps. Le troisième sarcophage est de l'époque mérovingienne. Auprès du squelette qu'il contenait et qui était en très mauvais état de conservation, j'ai trouvé : un petit guttus ou lacrymatoire en verre ressemblant assez, comme forme, comme couleur et comme exécution, à une petite fiole recueillie dans une sépulture mérovingienne, à l'époque de mes fouilles particulières du collége Sainte-Barbe, dont il sera parlé plus loin ; 2° une petite poterie en pâte blanche couverte d'un vernis noir (planche 3 figure 25).

J'ai rencontré ensuite, à ma grande surprise, à gauche de l'église, dans l'épaisseur du mur et à sa base, un sarcophage en pierre admirablement taillé à angles vifs; l'intérieur était poli avec le plus grand soin, et le squelette était recouvert d'une efflorescence de teinte violacée. J'ai constaté que les ossements étaient moins bien conservés que dans les fosses creusées à même le sol. Quelques fragments de cuir, portant encore des traces de dorures et provenant sans doute d'une ceinture qui entourait les reins du mort, tombèrent en poussière au contact de mes doigts.

A la gauche du squelette, près du fémur, et dans la poussière même résultant de la décomposition du corps et des vêtements, je trouvai une belle bague en or jaune avec chaton contenant une pierre précieuse de couleur rouge carminée et de forme ovale, de onze millimètres de long sur huit de large. L'exécution de ce bijou est fort belle. La plaque d'or formant le fond et garnissant la pierre a été martelée, et la trace du travail au martelet est très sensible. La monture ou sertissage est remarquable comme épaisseur et rappelle le type ordinairement massif des bijoux de l'époque mérovingienne ou carlovingienne.

A six mètres environ de distance de l'angle méridional de l'église, mes yeux distinguèrent quelques sarcophages en pierre et des sépultures à même le sol, devant appartenir aux XIIIme, XIVme et XVme siècles. Dans celles du XIIIme, se trouvaient des poteries jaunes et grises, flammulées et percées de petits trous destinés sans doute à faciliter la combustion de l'encens; elles contenaient encore quelques restes de charbon (planche 12, figure 5). Au-dessous de ces sépultures, nous vîmes un sarcophage en belle pierre dont le couvercle mesurait 0^{m} 35 d'épaisseur. Les ossements qu'il gardait furent recueillis. Leur teinte violacée me donna l'idée de les soumettre à l'analyse chimique. Dans ce but, nous nous adressâmes à M. Combarieu, un très judicieux praticien, qui ne manqua pas d'accéder à nos désirs. Voici le résultat de ses observations, telles qu'il nous les a transmises :

Les os colorés en violet, soumis à l'analyse, ont donné les résultats suivants :

1° Soumis à la calcination sur une feuille de platine ils se décolorent. — La couleur n'est pas minérale.

2º Les os traités par l'acide chlorhydrique sont privés de leur phosphate de chaux. — La matière restant sur le filtre soumise aux réactifs suivants donne :

par l'acide chlorhydrique........ du rouge
par l'ammoniaque.............. du bleu
par l'alun.................... du rouge
par le cyanure de potassium..... du bleu

La couleur est de l'orseille ou tournesol.

Il présumait, à défaut d'une explication positive que les os colorés en violet avaient dû être imprégnés de cette couleur par infiltration dans la terre des produits d'une fabrique de teinturerie.

L'idée très judicieuse du savant chimiste serait irréfutable si la pierre du sarcophage, d'un grain fin et blanc, avait été teintée aussi en violet. On s'explique difficilement que la teinture ait pu pénétrer à travers le couvercle du sarcophage sans y laisser la trace de son passage. J'ajouterai que le point où furent découverts ces ossements avait été occupé depuis longtemps par un monument religieux, ce qui semblait détruire l'hypothèse émise par M. Combarieu d'un établissement de teinturerie à cet endroit, relativement éloigné de la rivière de Bièvre dont les eaux ont toujours possédé, dit-on, les qualités nécessaires à ce genre d'industrie.

En continuant mes recherches non loin de l'église, j'ai découvert, à quelques mètres de la rue de la Reine Blanche, un sarcophage en pierre tendre. Sur le sternum du squelette se trouvait un Christ en bronze sur croix de même métal et sans aucune apparence d'altération. Au-dessus de la tête de ce Christ on lisait « Jesus Nazarœus rex Judœorum ».

En 1880, on pouvait voir encore les fondations et quelques murailles de l'ancienne collégiale. Elles étaient dans un terrain remué et couvert de mauvaises herbes, qui servait au remisage des lourdes voitures de travail. Un gardien, seul habitant de ces ruines, occupait une petite maisonnette construite en planches et couverte de vigne sauvage. Aujourd'hui, tout a disparu. Il ne reste rien de l'église et le sol lui-même est occupé par des constructions toutes récentes.

§ V

Dans une fouille exécutée le 28 juin 1885, sous la cour de la maison portant le n° 3 de la rue Ortolan, je reconnus quatre sarcophages d'adultes, taillés en forme d'auge, plus larges aux épaules qu'aux pieds ; tous étaient tournés vers l'Orient. Mais une particularité unique fut constatée par nous et notre ami M. C. Magne, dans ce fragment de l'ancien champ de sépultures enveloppant la vieille collégiale de Saint-Marcel. Cette particularité mérite l'attention des antiquaires : nous voulons parler d'une sorte d'hypogée bâti en moëllons scellés en plâtre.

Les dimensions de cette construction funéraire étaient celles des sarcophages en pierre ; au fond, se trouvait un radier enduit de plâtre ayant la forme du corps, et dans lequel reposait un squelette de fort belle conservation ; cette sépulture était couverte par de larges pierres irrégulières protégeant les restes du mort contre les terres qui le recouvraient (Planche 15, figures 6 et 7, plan et coupe A B).

On sait que lorsque les Grecs ne brûlèrent plus les morts, ils les inhumèrent dans des hypogées ou chambres mortuaires construites sous terre. Suivant mes recherches, je crois pouvoir assurer que cette coutume n'exista jamais à Paris ; il en résulte que nous ne devons voir ici qu'une fantaisie ou peut-être une économie de la part de la famille du mort.

Près de cette curieuse construction, et à même le sol, M. Magne fit la rencontre de deux petites monnaies d'argent appartenant au xiv° siècle.

1° Louis X le Hutin — Croix, sur le bord de la pièce, on lit : LVDOVICVS REX — R/. TVRONVS. CIVIS. Cette obole se rencontre rarement :

2° La deuxième semble appartenir à Charles IV dit le Bel, monogramme royal, GRATIA D — REX.

A la collégiale de Saint-Marcel étaient attachés de nombreux fiefs, répartis dans de nombreuses communes, Vitry, Thiais, Ivry, Laï, etc. Les chanoines possédaient aussi une partie du clos Bruneau où se cultivait la vigne (c'est au milieu de ce clos qu'ont été ouvertes les rues des Carmes, St-Jean, de Beauvais et d'Ecosse). Ce nom ancien de Bruneau appartient encore aujourd'hui à une petite rue. En 847, le clergé de Saint-Marcel possédait une terre près d'Essone. La nomination d'un titulaire à la cure de Sintry (Sintrium), suivant une ordonnance du roi Robert, de 1029, fut réservée au chapitre de Saint-Marcel lorsque Sintry fut détaché de Péré. Des provisions de 1480 et 1482 portent *de patronatu* ou *de præsentatione S. Marcelli*. Une bulle du pape Adrien IV conféra, au XIIe siècle, au chapitre de Saint-Marcel le droit de nommer à la cure d'Ivry, et ce même pape confirma la concession de l'église de Vitry faite par un évêque de Paris au clergé de Saint-Marcel.

Au XIIIe et au XIVe siècle, on cultivait la vigne à Saint-Marcel, sur la hauteur où s'élève aujourd'hui la mairie du XIIIe arrondissement. Cette petite montagne s'appelait jadis Mons Glandiolus si l'on s'en rapporte à un diplôme de Henri Ier, de 1033. Ce nom n'était pas encore éteint au XVIe siècle ; car un acte daté de 1507 fait mention de trois arpents de vignes sis au sentier de *Glandeul* et faisant partie de la censive de Saint-Marcel. Quant à l'origine du nom, on pourrait, à tout hasard, la tirer de cette hypothèse qu'un personnage de distinction s'appelant Glandiolus aurait habité une villa ou, du moins, aurait été enterré sur la colline à l'époque de la domination romaine. Ce qui donnerait une certaine autorité à la susdite conjecture, c'est que j'ai trouvé sur ce point une sépulture, dont il sera reparlé, et qui pouvait appartenir au iiie siècle; dans cette sépulture, en effet, il y avait soixante-dix-huit pièces de monnaie romaine, petit bronze, à l'effigie de Tétricus, qui se fit proclamer empereur à Bordeaux, en 268, et fut battu à Châlons-sur-Marne par Aurélien, en 274. Quelques autres étaient à l'effigie de Tétricus le fils. Il y aurait lieu de supposer, en outre, que le Glandiolus en question aurait été un médecin presque contemporain de Galien, ayant exercé son ministère dans le pourtour de notre antique Lutèce.

On peut prouver qu'en 1243 on cultivait aussi la vigne dans les terrains qui environnent les propriétés du seigneur de Croulebarbe dont le nom est resté à un moulin et à une rue. Ce moulin de Croulebarbe fit partie d'un fief qui a appartenu au chapitre de Saint-Marcel. La propriété de ce fief fut pendant quelque temps entre les mains des moines de l'abbaye de Saint-Martin-des-Champs, comme on peut le constater par cet extrait du registre de Bertrand de Pibrac, prieur de Saint-Martin, où il est dit : « Nous avons à » Saint-Marcel, près Paris, une certaine place sise près du » chemin qui conduit de Saint-Marcel à Gentilly, tenant » d'une part au dit chemin et de l'autre à la terre de Jean » de Croulebarbe ». On l'appelait le fief des Reculettes.

En 1668, le chapitre de la collégiale de Saint-Marcel revendiqua la propriété du fief des Reculettes. Le procès se termina par une transaction après expertise amiable. Au mois d'avril de la même année, les moines de Saint-Martin cédèrent aux chanoines de Saint-Marcel tous leurs droits sur les fiefs de la Butte-aux-Cailles (point bien connu de nos jours dans le 13e arrondissement) et des Reculettes, moyennant une redevance qui pourrait être amortie suivant quittance de 6340 livres 1 sou et 8 deniers à la date du 25 avril 1697. Voici la description du moulin telle qu'elle a été faite dans une reconnaissance de propriété datant de 1785 : « En conséquence et pour satisfaire à la demande des MM[es] de Saint-Marcel, mes dits sieurs du chapitre de Saint-Martin-des-Champs ont par ces présentes déclaré qu'ils sont propriétaires et possesseurs du moulin de Croulebarbe, bâtiments et jardins en dépendant, le tout consistant en un corps d'hôtel où est le dit moulin ayant une cuisine, une *sale* et un fournil, un petit grenier lambrissé au-dessus du fournil, un grenier au-dessus de la *sale,* une écurie et une petite *sale* à côté, un grenier sur l'écurie et un *poulallier* dans la cour, deux jardins dont l'un de deux toises de long et de cinq toises de large d'un bout et de trois toises de large de l'autre bout ; l'autre de neuf toises de long et de six toises de large d'un bout et de cinq toises de large de l'autre bout, le tout tenant du levant à la rue Croulebarbe, du couchant au clos le Prestre anciennement dit Payen, appartenant au sieur Neubours, du midy au sieur Neubours, et du nord au pont de Croulebarbe auquel le moulin fait face et par lequel il a son entrée ; que les dits moulin et bâtiments sont en la seigneurie du Chapitre de Saint-Marcel comme cessionnaire des droits du Chapitre de Saint-Martin-des-Champs. » Ainsi l'emplacement du moulin et la propriété de Saint-Marcel sont parfaitement déterminés. Le couvent des Cordelières de Saint-Marcel possédait une rente sur ce moulin depuis la transaction de 1668, et avant cette date la rente frappait une terre du voisinage ; « la rente d'un muid et demi de froment sur huit harpens de terre près du moulin Croulebarbe », dit un titre de 1648.

Remarquons en passant, puisque nous parlons de moulins et de grains, que les habitants étaient obligés d'aller porter leur pâte au four banal, sous peine d'amende et de confiscation, la cuisson de la petite pâtisserie était seule autorisée chez le bourgeois. Les fours les plus importants étaient à Paris :

Le four banal de l'abbaye de St-Germain-des-Prés situé rue du Four St-Germain ;

Le four l'Évèque, four Franc ou four Gauquelin, rue de l'Arbre Sec ; il était la propriété des évêques de Paris au XIIe siècle ;

Le four St-Martin, du nom de son propriétaire, le prieuré St-Martin-des-Champs ;

Le petit four de l'église St-Hilaire a donné son nom à la rue du Four St-Jacques (XIIIe siècle) ;

Le four de la Couture ou four l'Évêque a donné son nom à la rue du Four St-Honoré ;

Le four des Barres était la propriété des religieux de St-Maur qui en firent l'acquisition vers le milieu du XIVe siècle, etc.

Le moulin de Croulebarbe était connu en 1214 ; il existait encore au commencement de ce siècle. Il en reste aujourd'hui quelques bâtiments qui menacent ruine et qu'on peut voir à deux mètres en contre-bas de la rue Corvisart, ancienne rue du Champ de l'Alouette en face de la rue de Croulebarbe.

Le clos Le Prestre ou Payen était séparé du moulin de Jean de Croulebarbe par la rivière de Bièvre (1) autrefois appelée rivière des Gobelins.

La Bièvre avait jadis la réputation qu'elle a aujourd'hui. Ses eaux ont toujours été sales et boueuses, ce qui a fait dire à Claude Le Petit :

> Ne faisons pas icy le cancre
> Et passons viste ce ruisseau ;
> Est-ce de la boue ou de l'eau ?
> Quoi ! C'est le seigneur Gobelin !
> Qu'il est sale ! qu'il est vilain !
> Je crois que le diable à peau noire
> Par régal et par volupté
> Ayant trop chaud en purgatoire
> Se vient icy baigner l'esté

Il y a quelques siècles, la Bièvre était terrible quand elle sortait de son lit. Jean Pinard, libraire du XVIe siècle, qui

(1) Ancien nom du castor qui peuplait les bords de cette petite rivière.

nous a laissé le récit d'un de ses débordements, n'aurait pas décrit d'une autre sorte l'irruption d'un fleuve impétueux, d'un torrent : « L'an 1579, le mercredi huitième jour du mois d'avril, sur les onze heures avant la minuict, le temps était trouble et donna de grandes pluies ; la rivière de Gentilly (la Bièvre) se gonfla et déborda subitement dans la prairie et dans une grande partie du faux-bourg, qu'il n'y a mémoire d'hôme qui se puisse souvenir de semblable, etc. ; même les dames d'une abaye située faux-bourg St-Marcel, nommées les Cordelières, ont fait raport que icelle nuict se sont trouvées oppressées des eaux en faisant le divin office comme ils ont de coutume de faire toutes les nuicts à l'heure de minuict, se voyant oppressez ont sonné les cloches, *les passe de trois* heures durant pour et icelle fin que le peuple des faux-bourgs vint au secours pour faire passage à la grande abondance d'eaux qui les oppressait, et voyant qu'il n'y avait autre secours, moins la miséricorde de Dieu ont fait procession par trois fois portant la vraye croix qu'ils ont dedant leur église avec un chapelet de saint Claude, ont plongé ces reliques pressieuses par trois fois dedant la dicte eau et incontinent elle s'est retirée de leur église. » Et plus loin ledit Pinard ajoute : « Dedans faux-bourg il y a en somme de vingt à vingt-cinq personnages, tant hommes, femmes que petits enfants morts et de blessés estimés de 30 à 40 personnes. Ladicte eaux a abatuz douze maisons, plus le pont et moulin aux Tripes, près de Coppeaux, plus ladicte eaux a noyé plusieurs bestes à cornes, pourceaux et autres bestes, plus ladicte eaux a gâté plusieurs jardins et autres choses, est estimé de perte dans ledict faux-bourg St-Marcel la somme de soixante mille escuz. » Le peuple appela ce sinistre le déluge Saint-Marcel.

§ VI

Les débordements de la Bièvre remontent à une époque fort éloignée, et c'est probablement derrière les marais qui en étaient résultés que le chef gaulois Camulogène s'était retranché en attendant Labiénus, détaché par César contre Lutèce. Dans ses commentaires, César nous apprend la marche de son lieutenant, mais il n'indique pas l'endroit où il attaqua les Gaulois, et ce problème historique n'a pas encore été fixé, même par Quicherat, que l'on suppose à tort l'avoir résolu.

Labiénus, après avoir laissé ses bagages dans la capitale des Sénons (Sens), sous la garde des renforts venus d'Italie, marcha avec quatre légions sur Lutèce. Aussitôt arrivé, il s'occupa des travaux d'approche (commentaires de Cæsar, lib. 2, § 12.) et commença par pratiquer un passage à travers les marais qui défendaient fortement les abords de la Seine. On sortait de la saison d'hiver et les eaux plus hautes à cette époque de l'année avaient débordé. L'armée gauloise était forte des troupes des peuples voisins qui s'étaient joints aux Sénons et aux Parisis pour repousser Labiénus (Comment. de Cæsar, lib. 7, § 57). Jugeant la position inabordable, le général romain remonta la Seine jusqu'à Melodunum, où il trouva un pont et des bateaux qui lui permirent de se transporter avec son armée sur la rive droite du fleuve.

D'après Quicherat, le savant archéologue, les légions romaines avaient été arrêtées sur la rive gauche par les Gaulois retranchés derrière les marais produits par les débordements de la rivière de l'Orge, non loin de Juvisy. Cette opinion me paraît contestable et je pense qu'il y a lieu d'admettre plutôt la version tirée des commentaires de César et prise au pied de la lettre. « Labiénus, dit-il, aussitôt *arrivé* commença à » faire ses approches à la faveur des mantelets et à » construire un passage à travers les marais. » Ce qui veut dire, selon nous, que le général romain était venu presque sous Lutèce défendue par l'armée gauloise, dont l'attitude vigoureuse l'avait obligé à reculer.

En apprenant le retour des ennemis par la rive droite,

Camulogène coupe toute communication entre les deux rives de l'île Lutécienne, et vient camper en face des Romains. C'est alors que Labiénus conçut un plan qui réussit d'ailleurs parfaitement. Cinquante bateaux enlevés à Melodunum sont confiés par lui à des chevaliers romains avec ordre de descendre le cours de la Seine dans le plus grand silence et à la faveur de la nuit jusqu'à une distance de quatre mille pas au-dessous de Lutèce.

Puis il ordonne à cinq cohortes de remonter le fleuve en faisant beaucoup de bruit pour attirer de ce côté l'attention des Gaulois. Il laisse la garde de son camp à cinq autres cohortes, et à la faveur d'un orage, il descend lui-même à la tête de ses légions le long de la Seine qu'il traverse sur ses bateaux. En apprenant le passage des Romains sur la rive gauche, les Gaulois divisent leur armée en trois corps ; le premier reste en face le camp ennemi, le second, le plus faible, est envoyée en amont du fleuve, et le troisième se porte à la rencontre de Labiénus.

Le combat eut lieu et fut acharné. Nos pères durent céder. L'épée et la lance de bronze furent vaincues par le glaive et le pilum de fer. Camulogène périt en brave avec un grand nombre de ses guerriers.

Ceux qui trouvèrent un refuge sur les hauteurs échappèrent seuls au massacre (Comment. Cæsar).

Cette bataille fut livrée probablement dans la plaine avoisinant les villages d'Issy et des Moulineaux. Cette opinion, que je crois sérieusement fondée, est le résultat de découvertes importantes à la suite d'un dragage exécuté il y a quelques années, sur mes indications, dans la Seine, à 1500 ou 1800 mètres environ en aval des fortifications de Paris (1). La découverte la plus curieuse est celle de deux

(1) Récemment, M. Arthur Forgeais avait la bonne fortune de recueillir, à 200 mètres en aval du point exploré par moi, quelques armes gauloises et des fragments d'armes en fer appartenant très probablement aux guerriers de Labiénus.

lances de bronze dont l'une mesure quarante-deux centimètres, très effilée, qui fut rompue par le choc du godet de la drague ; à côté de cette arme se trouvaient quelques fragments de javelots en fer (voir la Planche 13). Cette cassure me permit de constater dans la douille, côté de la pointe, le sable qui avait servi aux fondeurs pour former le creux d'emmanchement. La présence de ce sable indique d'une façon certaine que les vides étaient ménagés par des noyaux que l'on brisait à chaque moulage de lance ; ce qui nécessitait un nouveau travail à chaque opération.

Le lecteur appréciera cette découverte, et la valeur de cette arme de si minutieuse fabrication découverte sur un point si curieux au point de vue historique. Disons à ce propos que la fonte des haches, des épées, des poignards et des épingles était faite en plein et que les moules servaient un grand nombre de fois. Les lances sont de conservation remarquable, grâce à la nature du métal dont elles sont faites. Le bronze et le cuivre, s'oxydant bien plus lentement et moins profondément que le fer, résistent, en effet, beaucoup mieux aux causes de ruine ou de détérioration.

Avec le temps et sous l'influence de l'humidité, le léger vernis d'oxyde brun rougeâtre qui recouvre le cuivre se change en une couche de teinte verdâtre qui conserve les gravures les plus fines exécutées sur le métal. Une grande partie de ma collection d'armes de bronze est bien conservée ; malheureusement, les armes romaines sont fort oxydées et leur conservation est bien inférieure aux armes gauloises (Planche 13. Epingle, torqueis et lance, vue de face et de profil).

§ VII.

Sur la rive droite de la Bièvre, à gauche de la rue Croulebarbe, s'élèvent des hauteurs dominant le clos Leprêtre ou Payen et le champ de l'Alouette, et d'où l'on peut voir un tableau assez curieux avec le clocher de Montrouge au centre, à gauche l'Observatoire, à droite le Panthéon et le Val de Grâce, et au fond le dôme des Invalides.

Les terrains faisant partie des domaines de Saint-Marcel étaient cultivés en vignes et en blé jusqu'à Gentilly. Une vieille chanson intitulée « les valets de Gentilly », nous rappelle la fête qui avait lieu au 19 novembre, jour de Saint-Saturnin.

> A Gentilly Saint-Saturnin
> Il sera mercredi la feste,
> Venez, il y a du bon vin
> Pour mettre cornes en teste.

Il est bien à supposer qu'aux jours de fête, si multipliés jadis, les Parisiens se rendaient au village de St-Marcel pour y boire le vin léger, récolté dans les vignes qui recouvraient une partie du champ de sépultures.

On fabriqua à Saint-Marcel, au XVIIme siècle, une sorte de bière dont la vogue y attirait les Parisiens. Comme on le pense de reste, l'eau de la Bièvre n'entrait pour rien dans la composition de cette boisson, qui donna lieu au couplet suivant, d'une expression un peu brutale.

> On a beau vantant l'escarlatte
> Dire qu'auprés des Gobelins
> Le Tibre avecque trois moulins
> Ne fait que traîner la savate ;
> Qu'on rende, si l'on veut, le Nil
> En comparaison de luy vil,
> Pour moi, n'en déplaise à la bière
> Je ne puis estimer ses eaux
> Ny prendre pour une rivière
> Un pot de chambre de pourceau.

On versait aussi en abondance dans les cabarets du quartier St-Marcel une liqueur, fameuse surtout au XVe siècle, c'était l'hydromel, breuvage fait d'eau et de miel fermenté. En y ajoutant quelques plantes pectorales on en faisait une boisson curative contre les affections des poumons. « Le miel fermenté, dit un auteur du XVIIe siècle, avec de l'eau simple fait une boisson, nommée mulsa par les Latins et hydromel par les Français, qui est très usitée en Lithuanie, Moscovie et autres pays septentrionaux où il n'y a point de vin et beaucoup de miel. Cette boisson est forte et n'en sçaurait boire une demi-mesure sans être yvre ».

Enfin, l'hippocras (vinum hippocratium), dont l'origine est fort ancienne, était livré là comme ailleurs à la consommation parisienne vers les xivme, xvme et xvime siècles. On le servait dans de petits et de grands pichets. On le faisait avec de l'eau et des essences, et la variété en était considérable. Cette boisson a disparu vers le milieu du xviiime siècle.

Mais nous nous laissons aller à des digressions qui risqueraient de nous entraîner un peu trop loin de notre sujet. Revenons à nos enquêtes archéologiques dans le sous-sol parisien.

CHAPITRE II.

QUARTIER DU JARDIN DES PLANTES
(ancien Quartier St-Marcel)

AUTOUR D'UNE ÉGLISE ANTIQUE, DÉDIÉE A SAINT MARTIN

§ I.

L'église Saint-Martin dont nous allons parler et qui n'existe plus aujourd'hui, s'élevait en bordure de la place de la collégiale à l'extrémité septentrionale de la rue des Francs-Bourgeois. Cette vieille rue, à l'origine, n'était qu'un chemin tortueux et resserré où la circulation ne se faisait que très difficilement et où les accidents funestes ne se comptaient plus. Elle traversait le bourg de Saint-Marcel, dont le territoire ne faisait pas partie de Paris, conformément à l'arrêt du Parlement, du 16 novembre 1296. Suivant certains auteurs, les habitants de Saint-Marcel, exemptés des taxes auxquelles étaient soumis les habitants de Paris, auraient donné à la rue leur nom de Francs-Bourgeois (1).

Moins importante que Saint-Marcel, l'église de Saint-Martin existait comme chapelle dès 1158. Elle prit le titre de paroisse en 1220, par suite des agrandissements du bourg de Saint-Marcel. Elle fut restaurée en 1798 et rasée en 1807.

---

(1) Il y avait plusieurs classes de bourgeois : ceux du roi, des seigneurs, les grands bourgeois, les petits bourgeois, les francs bourgeois. Mais il n'y avait qu'une seule classe quand il fallait payer les frais de guerre. La noblesse bataillait, le clergé priait, la bourgeoisie payait et le peuple était ruiné.

La bourgeoisie s'accordait moyennant finances, même aux serfs qui, préalablement, devaient être libres.

Du 25 janvier au 10 février 1882, il nous fut donné d'assister au travail d'arrachement des grosses murailles des fondation[s] qui seules étaient restées.

Les murs extérieurs mesuraient une largeur variant entre 1ᵐ20, 1ᵐ40, 1ᵐ45 et 1ᵐ80 cm. C'est vers la façade que cette dernière largeur fut constatée. A la droite du monument, il y avait trois contre-forts extérieurs de 0ᵐ40 et l'on a pu reconnaître une longueur de muraille de plus de dix mètres. D'après les recherches que j'ai faites, je pense que l'église Saint-Martin n'avait jamais eu de crypte.

Dans la terre remuée à l'intérieur des murs, j'ai trouvé une sorte de petite ampoule ou bouteille à deux anses en terre, cuite à une haute température, et recouverte d'un émail jaune et rouge (Planche 12, figure 18). La partie de la gravure teintée en gris est en émail rouge sur l'original. Cette petite poterie doit appartenir au xvᵐᵉ siècle. Nous devons mentionner aussi une autre poterie assez semblable comme terre. (Voir Planche 12, figure 12).

A droite du massif de maçonnerie, j'ai rencontré des sépultures pouvant appartenir aux xɪɪᵉ, xɪɪɪᵉ et xɪvᵉ siècles. Les cercueils contenant les ossements étaient en bois de chêne ou de châtaignier, et les planches, d'une épaisseur de 0ᵐ12 à 0ᵐ14 centimètres avaient été réunies au moyen de clous de 0ᵐ14 à 0ᵐ15 de longueur. Auprès de la tête, aux pieds et quelquefois aux flancs des squelettes, se trouvaient de petites poteries à flammules rouges peintes de haut en bas. Elles étaient percées de petits trous destinés à activer la combustion du charbon et de l'encens qui brûlaient près du mort pendant les prières et les derniers chants funèbres (Planche 12, figure 5). La cérémonie terminée, ces petits pots à anse étaient abandonnés près du cercueil ; c'est ainsi que cela se pratiquait aux xɪɪᵉ, xɪɪɪᵉ siècles et peut-être au commencement du quatorzième. Ce genre de poterie de terre grise ou jaunâtre, avec ou sans anse, était faite d'argile lavée, cuite à une faible température. La contenance du vase variait suivant sa destination. Les petites poteries sacrées dont je viens de parler avaient une capacité de 50 à 75 centilitres ; mais j'en ai trouvé d'autres de même nature dont la contenance était de 3 à 5 litres. Celles-ci portaient la trace évidente du feu, ce qui semble indiquer qu'elles servaient aux besoins domestiques (Planche 12, figure 3, 4). Il y en avait aussi en forme de pichet (Planche 12, figures 4). Les poteries sans anses sont les plus rares et aussi sont d'une contenance plus grande. Leur décoration se compose, ainsi que pour les premières, de raies rouges ferrugineuses disposées de haut en bas par groupes de cinq, six ou sept raies ; elles ne portent aucune trace de verni ou couverte. L'usage de ces poteries était fort répandu à Paris aux XIIe, XIIIe et XIVe siècles dans l'usage domestique. J'en possède quelques types qui appartiennent à cette époque et qui portent un commencement de décorations en relief.

Ce genre est extrêmement rare et nous avons lieu de croire qu'il ne figure pas dans les collections de la ville de Paris (Planche 3, figures 6, 9 et 10).

§ II

En 1880, 1881 et 1882, je découvris plus de 80 sépultures chrétiennes derrière l'église Saint-Martin. A droite, rue de la Collégiale, sous les maisons portant les numéros 6 et 8, j'en trouvai 22 ; sauf quelques sarcophages en pierre tendre, toutes étaient de simples fosses creusées dans la terre. Sous les n°s 5, 7 et 9 de la même rue, s'alignaient 16 sarcophages en pierre qui avaient dû être profanés à une époque déjà lointaine. Sur l'emplacement du cul-de-sac d'Entrelasse (voir le Plan de Saint-Marcel), en cette partie de la rue Mouffetard qui se nommait, au XVIIe siècle, rue de la Boucherie, non loin de la rue du Petit-Moine, et aux numéros 5, 7, 9, 11, 13, 15, 17 et 19 de l'Avenue des Gobelins, m'apparurent une quantité considérable de sépultures appartenant probablement jadis au cimetière de Saint-Martin. Cette partie du quartier Saint-Marcel n'a pas donné lieu à des découvertes archéologiques importantes surtout en céramique. Ce n'est que de l'autre côté de l'Avenue des Gobelins, aux n⁰ˢ 6, 8, 10, 12, 14, 16 et 18 que j'ai trouvé des poteries de couleur rouge, gris-perle, ou noire, et de la verrerie de différentes nuances qui appartiennent à la fin de l'époque gallo-romaine. Nous en redirons quelques mots par la suite. C'est derrière l'église Saint-Martin qu'en 1656 un jardinier aperçut, en remuant la terre, un sarcophage dont le couvercle portait l'inscription suivante, traduite du latin :

VITALIS a BARBARA, son épouse très aimable, âgée de vingt-trois ans, cinq mois, vingt-huit jours.

C'était la sépulture d'une chrétienne, ainsi que l'indiquait le monogramme du Christ, placé entre l'*alpha* et l'*omega*.

Cette découverte fortuite correspondait très bien à ce que nous apprenait déjà Corrozet, dans ses *Antiquités de Paris*. « De nostre temps, écrit-il, avons trouvé des sépulcres au long des vignes, hors la ville Saint-Marceau, et n'y a longtemps qu'en une rue, vis-à-vis de Saint-Victor, en pavant icelle rue, qui ne l'avoit onc été, nous fust monstré, au milieu d'icelle, un sépulcre de pierre long de cinq pieds ou environ, au chef et aux pieds duquel furent trouvées deux médailles antiques de bronze ». A notre tour, nous avons extrait, dans les fouilles pratiquées en face du portail de Saint-Martin, un fragment du couvercle d'un sarcophage sur lequel était inscrit le monogramme suivant: J.-H.-S., ce qui veut dire sans doute Jesus hominum Salvator. Cette sorte d'abréviation remonte à une haute antiquité. On en trouve de nombreux exmples sur les pièces de monnaie romaines et aussi sur les parois de quelques sépultures chrétiennes, découvertes à Paris.

En 1881, un autre fragment ayant une épaisseur de 0ᵐ28 appartenant à un couvercle de sarcophage qui fut brisé dans les travaux de fouilles faits pour la construction des maisons portant les numéros 52 et 54 du boulevard Saint-Marcel, me fut remis par un ami, chercheur persévérant lui aussi, M. Magne. Les autres fragments du couvercle ne purent être retrouvés dans les matériaux, malgré les actives recherches d'un chef des travaux intelligent, M. Renneson. (La figure 53 de la Planche 111 donne une idée de la disposition de cette inscription.)

Nous croyons devoir ajouter qu'il est fort rare de rencontrer à une telle distance de St-Marcel des sépultures appartenant à l'époque gallo-romaine. Cependant la constatation de ce tombeau isolé de tout autre monument funéraire semble prouver que le territoire de St-Marcel était habité sous la domination romaine.

Sur le côté méridional de l'église St-Martin et en bordure de la place de la Collégiale, se rencontra une sépulture à même le sol dont les ossements étaient en parfait état de conservation. A droite et à gauche de la tête, et près du pied droit du squelette, j'ai trouvé de petites poteries flammulées qui contenaient du charbon et de l'encens. Les pieds étaient chaussés de brodequins en cuir rougeâtre qui, malheureusement, tomba en poussière ; et une sorte de lanière en cuir mince de même couleur était appliquée sur le sternum, sans doute par le poids de la terre. A côté de ces ossements, je fis la découverte d'une médaille intéressante. Elle est en cuivre rouge martelé et a un diamètre de 4 centimètres. Dans un cercle concentrique à celui du bord extérieur, mais de moindre rayon, se trouve l'image de saint Nicolas, tête mîtrée et nimbée, gravée au burin. Le saint est représenté dans ses vêtements épiscopaux, tenant son manteau de la main droite et de la gauche la crosse. A ses côtés se trouvent des ceps de vigne et à droite est le saloir des petits garçons qui, selon la légende, furent ressuscités par lui après avoir été dépecés et salés par leur bourreau. Entre le cercle formant grénetis et le cercle du bord extérieur de la médaille, on lit très facilement la légende suivante : ORA PRONOBIS SANCTE NICOLAE. Cette médaille est percée de trois petits trous d'un millimètre de diamètre qui devaient servir à l'attacher au moyen d'un fil sur une ceinture ou sur les vêtements. Personne n'ignore que saint Nicolas est le patron des jeunes garçons ; au moyen âge, il patronait encore la corporation des tonneliers ; il était aussi honoré par les metteurs à port, les rouleurs et les déchargeurs de vin, les jaugeurs. On le fêtait le 6 décembre et le 9 mai, à l'église Saint-Bon où était le siége de la corporation des tonneliers, dont les statuts, remontant à Charles VII, furent confirmés par François Iᵉʳ. L'apprentissage du métier durait cinq années ; le brevet coûtait 50 livres et la maîtrise 300. En tenant compte de ces détails, il demeure assez probable que la sépulture où fut trouvée notre médaille était celle d'un maître tonnelier ou d'un marchand de vin.

Puisque nous venons de décrire cette intéressante médaille relative à une corporation connue de vieille date à Paris, il ne sera peut-être pas hors de propos de placer ici quelques réflexions générales et de faire remarquer, par exemple, l'esprit de caste qui régnait autrefois dans les corps de métiers. Assez généralement, les fils succédaient à leur père et restaient, de génération en génération, dans la corporation, où l'on jouissait d'une certaine indépendance. Nous disons une indépendance relative : à cette époque du bon plaisir, les corporations avaient à lutter constamment pour défendre leurs droits et leurs prérogatives fréquemment attaqués. En raison de cette défense mutuelle, on comprend aisément que chaque corporation se tînt aussi concentrée, aussi groupée que possible. Paris avait une étendue comparativement restreinte qui permettait cette sorte d'agglomération sur des points déterminés. Ne les voyons-nous pas encore de nos jours dans le quartier des Apothicaires, nous voulons parler des premières maisons de la rue Saint-Denis et de toute la rue des Lombards? N'avons-nous pas l'ancien quai des Lunettes, occupé par les opticiens, celui des Orfèvres, par les orfèvres? Autrefois c'étaient : la rue de la Bûcherie (avec des marchands de bois), la rue de la Baudrairie (avec les mégissiers), la rue de la Chanvrerie (avec les marchands de chausses et les mesureurs de toile, les auneurs), la rue de la Cordonnerie (avec les cordonneries), la rue aux Ecrivains (avec les écrivains copistes, miniaturistes et les marchands de parchemins), la rue de la Sellerie (avec les marchands selliers), la rue de la Ferronnerie (avec les marchands de fer et les forgerons), la rue aux Coiffières (avec les marchandes de modes et coiffures), la rue de la Ganterie (avec les marchands de gants), la rue de la Poulaillerie (avec les marchands de volailles), la rue de la Parcheminerie (avec marchands et fabricants de parchemins), la rue de la Lingerie (avec marchands de linge), etc., etc. Ces groupes, constamment tenus en rapport par des intérêts semblables, ne devaient compter que sur leur propre force pour défendre la prérogative de leur profession.

§ III

Sur le côté septentrional de l'église Saint-Martin nous attendait une autre trouvaille, non moins digne d'attention, celle d'un chandelier de bronze parfaitement conservé. Peut-être provenait-il de l'antique paroisse. Il était protégé par quelques pierres, disposées de façon à former une espèce de cache.

Bien que cet ustensile fût employé déjà pour brûler la chandelle à l'époque gallo-romaine, on se servait le plus habituellement de la lampe dilychne qui était très portative : on la plaçait sur les meubles, ou sur un plateau porté par un candélabre pour la mettre à la hauteur de celui qui s'en servait (Planche 14, figures 6, 7, 8, 9, 10, 11 et 12) (1).

Du xv° au xviii° siècle, les lampes faisaient corps avec le fut dont la base était fixée au milieu d'une soucoupe destinée à recevoir les bavures de la mèche (Planche 14, figure 16).

A cette même époque, ou pour être plus exact, aux xiv° et xv° siècles, une lampe à bords ondulés (Planche 14, figure 15) couverte de l'émail jaune dont on se servait pour vernir les pichets était fort usitée dans les ménages. Ce petit objet domestique était, comme on le voit par la figure, muni d'une anse se reliant au fond extérieur de la lampe, ce qui la rendait facilement transportable d'un point à un autre.

Ce type gracieux, assez original, semble appartenir à la fabrication parisienne.

Au xiv° siècle, les gens riches se servaient de la cire pour leur éclairage. Les gens du peuple employaient le bois résineux et souvent même se passaient de lumière.

Sous le règne de Charles VI, les chandelles étaient tenues à la main par les valets. C'est à cette époque que remonte probablement l'emploi du chandelier à bobêche. Nous ne voulons pas dire pour cela que la fabrication de la chandelle ne remonte qu'au règne de Charles VI, attendu que la corporation des chandeliers est une des plus anciennes de Paris, que ses premiers statuts sont de l'an 1061, et qu'ils ont été confirmés et augmentés par presque tous les rois qui se sont succédé depuis cette époque.

Les maîtres chandeliers étaient autorisés à vendre de l'huile à brûler. Unis aux épiciers depuis longtemps, ils en furent séparés en 1450; de ce jour, défense leur fut faite de vendre de l'épicerie, mais seulement des corps gras employés

---

(1) On sait que chez les Athéniens, le vainqueur de la course devait dépasser ses compétiteurs sans laisser éteindre le flambeau qu'il tenait à la main. Les Romains employaient une sorte de chandelle de **cire qu'ils nommaient Céreus.**

à l'éclairage. La maîtrise s'obtenait au prix de 900 livres et le brevet coûtait 50 livres. Leur patron était saint Jean-Porte-Latine et la confrérie se réunissait à Saint-Jean-le-Rond.

Le chandelier que nous avons annoncé plus haut appartient probablement à la fin du xve ou au commencement du xvie siècle. Il mesure 0^m22 de hauteur, et deux ouvertures sont pratiquées à la bobèche pour en faciliter le nettoyage. Ces différents modes d'éclairage devaient avoir le très fâcheux inconvénient d'exhaler une odeur nauséabonde à l'intérieur des habitations.

Dans cette même fouille, en face du n° 7 de la rue de la Collégiale, nous eûmes la bonne fortune de recueillir un vase en terre cuite dont nous ne pûmes déterminer l'emploi précis. Ce vase, que j'ai représenté sous les figures n° 1 de la planche 3 de mes dessins, est cuit à une haute température, et ne fait pas effervescence à l'acide nitrique; sa composition est celle du grès; il est décoré d'une couverte brune et grise. Les deux conduits A et B de la figure permettent à un liquide quelconque d'arriver au récipient C.

(Exemple). En faisant pénétrer un liquide par le conduit A dans C, il est possible de le faire écouler par le conduit B en retournant le vase.

Sur l'anse face au point D, une croix latine est imprimée à une profondeur de deux millimètres. Doit-on supposer d'après ce signe fait avant la cuisson et le vernissage, que le vase avait un emploi religieux? J'en doute. Cette poterie si singulière et si curieuse, dont la destination reste inconnue, appartient, je pense, au xvie ou xviie siècle.

Les maisons de la rue du Petit-Moine couvrent un terrain où j'ai trouvé vingt-six sarcophages en pierre et cinquante squelettes. Ce terrain faisait sans doute partie de l'ancien champ de sépultures des églises Saint-Marcel et Saint-Martin qui, sur la longueur du boulevard Saint-Marcel, commence à la rue de l'Essai pour finir à l'avenue des Gobelins du côté des maisons des numéros pairs. Du côté des numéros impairs du même boulevard, le champ de sépultures s'étend de la rue Lebrun à l'avenue des Gobelins.

Enfin, le 23 janvier 1885, rue du Petit-Moine, j'assistai à la découverte de dix sarcophages en pierre de grandes dimensions, et de douze squelettes déposés dans de simples fosses creusées en terre. Ce tronçon du champ de sépultures de St-Martin pouvait remonter aux XIIe et XIIIe siècles ; une pierre qui couvrait un des sarcophages était taillée en dos d'âne, type qui se rencontre fort souvent dans les anciens cimetières de St-Marcel, dépendant de la Collégiale, de St-Martin et de St-Hippolyte ; et ce qui appuierait encore notre opinion sur l'âge de ce genre de sarcophage, c'est que le cercueil contenant les restes de Philippe-Auguste était, ainsi que ceux de St-Marcel, formé par une pierre taillée de même façon.

L'orientation de toutes ces sépultures était généralement la même que celle reconnue antérieurement dans ce quartier, la tête tournée vers l'orient.

CHAPITRE III.

QUARTIER DE CROULEBARBE

(ancien Quartier Saint-Marcel)

LES RÉVÉLATIONS D'UN CHAMP DE SÉPULTURES
SITUÉ PRÈS DE SAINT-HIPPOLYTE
ET D'UN CIMETIÈRE D'ENFANTS.

§ I

Sur le boulevard Arago, existait au siècle dernier une église dédiée à saint Hippolyte. Cette église, déjà connue comme chapelle en 1178, fut érigée en paroisse au commencement du xiiie siècle. Détruite une première fois au xvie siècle, elle fut reconstruite aussitôt et réparée au xviie. Elle disparut vers la fin du xviiie siècle. Au moment de sa démolition, on y trouva quelques tombeaux anciens. Le cimetière qui entourait Saint-Hippolyte occupait le terrain où s'élèvent à présent les maisons portant les numéros 5, 7, 9 du boulevard Arago. Les sépultures que nous y avons découvertes formaient, comme à St-Marcel, une masse compacte ; elles appartiennent à plusieurs époques. Les premières semblent remonter à la période mérovingienne. Les dernières, beaucoup plus nombreuses mais en revanche infiniment bien moins intéressantes, sont plus récentes. Celles-là étaient à 1ᵐ65 au-dessous du niveau du boulevard Arago ; et celles-ci à une profondeur de 10 à 15 centimètres seulement. Entre ces deux couches, j'ai rencontré quelques sarcophages appartenant très probablement à la fin de l'époque mérovingienne, ainsi que me l'a fait supposer la découverte d'une fibule, sorte de bijou en bronze ciselé et décorée d'entrelacs argentés, remontant à cette époque (Planche 3, figure 2). L'orientation de toutes ces sépultures était à peu près la même: le visage tourné du côté du levant. Les cercueils en bois étaient mêlés aux cercueils en pierre; est-ce là une indication que le pauvre trouvait au champ du repos éternel place à côté du riche? Peut-être.

J'ai remarqué que la disposition de ces sépultures si rapprochées les unes des autres ne laissait pas la place d'un chemin. J'ai remarqué aussi dans ces fouilles comme dans les autres que certains objets fragiles qui se décomposent assez facilement étaient d'une conservation satisfaisante grâce à leur contact avec l'oxyde de cuivre. J'en puis donner quelques exemples : dans une sépulture, appartenant à la fin de la domination romaine, dont je parlerai plus tard et que j'ai découverte au n° 14 de l'avenue des Gobelins, j'ai trouvé un crâne parfaitement conservé par l'oxyde de cuivre provenant d'une monnaie de bronze placée à son contact. Dans une autre sépulture du XIIIe ou XIVe siècle, derrière Saint-Hippolyte, j'ai ramassé un bouton de bronze qui avait protégé de la décomposition l'étoffe à laquelle il était attaché. Dans le département de l'Aisne, à Pommiers, où se trouvent les traces d'un camp antique, j'ai trouvé une lance dont la douille avait parfaitement conservé le bois de la hampe. Enfin, au mont Glandiolus, dont j'ai déjà parlé, j'ai découvert dans un vase de bronze un tissu de bonne conservation à côté d'une trousse de médecin remontant au IIIe siècle, presque au temps de Gallien.

Voici, par ordre de découverte, les fosses et les sarcophages que j'ai rencontrés dans le cimetière dit de Saint-Hippolyte ou du moins situé autour de cette église.

Fosse 1. — Sarcophage mesurant intérieurement 1^m15 de longueur et 0^m26 de largeur à la hauteur des épaules; angles intérieurs arrondis, pierre présentant une épaisseur de 0ᵐ 08; squelette d'enfant de 6 à 8 ans d'une belle conservation.

Fosse 2. — Sarcophage d'une longueur de 0ᵐ80 et d'une largeur de 0ᵐ29 avec angles arrondis à l'intérieur à la hauteur de la tête; les ossements, appartenant à un enfant de 2 à 3 ans, étaient en mauvais état de conservation.

Fosse 3. — Sarcophage en belle pierre, type de saint Leu, présentant à l'intérieur une longueur de 0ᵐ82 et une largeur de 0ᵐ29, épaisseur de 0ᵐ07. Un beau couvercle taillé en dos d'âne, seul de ce genre trouvé dans la fouille.

Fosse 4. — Sarcophage de 0ᵐ60 de long, sur 0ᵐ24 de large à la hauteur des épaules, pierre de 0ᵐ 08 d'épaisseur, bien taillée, angles arrondis à la tête, ossements en poussière d'un enfant de 12 à 15 mois.

Fosse 5. — Sarcophage de 1ᵐ92 de longueur et de 0ᵐ40 de largeur avec épaisseur de 0ᵐ08, et angles arrondis à la hauteur de la tête. Le couvercle monolithe présentait à ses angles internes des rainures destinées sans doute à faire glisser les cordages dont on devait se servir pour le mettre en place. Cette particularité ne se rencontre que dans les couvercles des grands sarcophages. Le squelette, pouvant être celui d'un adulte d'une taille de 1ᵐ68 à 1ᵐ70, était bien conservé, principalement la tête. Les deux avant-bras avaient été croisés sur la poitrine avant la mise du corps dans le cercueil, car nous les avons retrouvés dans cette position. C'est un cas rare dans ce quartier, quoique toutes les sépultures semblent appartenir au christianisme.

Fosse 6. — Sarcophage, parfaitement taillé, contenant le squelette d'un enfant de 8 à 10 ans, en poussière. Sa longueur et sa largeur intérieures mesuraient, l'une 1ᵐ14, l'autre 0ᵐ32 à la hauteur des épaules. L'épaisseur de la pierre était de 0ᵐ07.

Fosse 7. — Sépulture à même le sol d'un enfant de 8 à 10 ans. Squelette bien conservé. Dans la terre et sous l'os maxillaire inférieur, j'ai trouvé une petite monnaie de bronze à l'effigie de Constantin.

Fosse 8. — Sarcophage présentant à l'intérieur une longueur de 1ᵐ30 et une largeur de 0ᵐ35 aux épaules, et arrondi à la tête. La pierre, d'une épaisseur de 0ᵐ11, était admirablement taillée et d'un grain d'une finesse remarquable. Les ossements en poussière qu'il contenait étaient ceux d'un enfant de 8 à 10 ans.

Fosse 9. — Sarcophage de 0ᵐ90 de long sur 0ᵐ26 de large. La pierre est épaisse de 0ᵐ05 et les angles sont arrondis intérieurement. Enfant de 12 à 15 mois dont le frontal, l'occipital et le maxillaire inférieur avec quelques dents dans les alvéoles sont bien conservés.

Fosse 10. — Sarcophage d'une épaisseur de 0ᵐ12 avec angles arrondis à la hauteur de la tête, mesurant 1ᵐ60 de longueur et 0ᵐ40 de largeur intérieures. Ossements d'un enfant de 12 à 14 ans de grande taille, en mauvais état de conservation. Le couvercle, épais de 0ᵐ25, présentait ce cas particulier et unique dans les fouilles d'être de beaucoup plus grand que le sarcophage.

Fosse 11. — Ossements d'un enfant de 2 à 3 ans en poussière dans un sarcophage long intérieurement de 0ᵐ79, large de 0ᵐ29 et épais de 0ᵐ08 avec angles arrondis à la tête.

Fosse 12. — Squelette très bien conservé d'un enfant de 5 à 7 ans dans une sépulture à même le sol.

Fosse 13. — Sarcophage de 0ᵐ81 de long sur 0ᵐ29 de large et en pierre de 0ᵐ08 d'épaisseur. Enfant de 2 à 3 ans dont les ossements, sauf le frontal bien conservé, étaient en poussière.

Fosse 14. — Sépulture à même le sol d'un enfant de 12 à 15 ans bien conservé.

Fosse 15. — Cercueil de chêne contenant le squelette d'un enfant de 10 à 12 ans en bonne conservation.

Fosse 16. — (Planche, 11 figure 5) — Sarcophage remarquable par ses proportions. Il mesurait 2ᵐ20 de long, 0ᵐ41 de large et 0ᵐ55 de haut. Son couvercle à rainures avait une épaisseur de 0ᵐ35, ce qui donnait une hauteur totale de 0ᵐ90 au monument. Un cercueil en plomb (Planche 11, figure 5 — n° 4), dont le couvercle s'était affaissé (n° 3 de la figure), occupait l'intérieur du sarcophage de pierre. La taille du squelette était de 1ᵐ72 (n° 5 de la figure). Les ossements de la tête tombaient en poussière. Les rotules étaient en équilibre sur les condyles qui étaient relativement bien conservés.

J'ai constaté dans ce sarcophage que, malgré la présence d'un cercueil en plomb, les ossements étaient moins bien conservés que ceux des squelettes trouvés à même le sol qui avaient été enfermés dans des cercueils en bois.

Fosse 17. — Sarcophage de 1ᵐ20 de long et de 0ᵐ24 de large, avec angles arrondis à la tête et une épaisseur de 0ᵐ06. Poussière provenant du squelette d'un enfant de 8 à 10 ans.

Fosse 18. — Puits appartenant aux xiiᵉ, xiiiᵉ et xivᵉ siècles, d'après quelques poteries cassées que j'y ai trouvées.

Fosse 19. — Sarcophage ayant une longueur intérieure de 0ᵐ80 et une largeur de 0ᵐ24 à la hauteur des épaules ; une épaisseur de 0ᵐ08 avec angles arrondis. Enfant de 10 à 12 mois. J'ai trouvé dans l'intérieur de ce sarcophage quelques racines de vigne dont le bois était mort mais dont l'écorce était en parfait état de conservation.

Fosse 20. — Sépulture à même le sol avec squelette bien conservé d'un enfant de 12 à 15 ans.

Fosse 21. — Squelette d'enfant de 12 à 15 ans ; j'ai trouvé dans la terre des clous de 12 à 15 centimètres de long qui avaient dû servir à joindre les planches du cercueil.

Fosse 22. — Sépulture à même le sol. Aux clous que j'y ai ramassés, étaient fixés par l'oxyde de fer de petits fragments de bois dont la nature fut facilement déterminée. Le cercueil, qui avait renfermé le squelette bien conservé d'un enfant de 14 à 16 ans était en chêne.

Fosse 23. — (Planche 3, figures 54 et 55) — Sarcophage en pierre blanche d'un travail et d'une coupe remarquables. Sa longueur intérieure était de 1m 56, sa largeur de 0m 47 aux épaules. L'épaisseur de la pierre était de 0m 11 et la hauteur totale du monument 0m56. Ce sarcophage était en deux parties reliées entre elles par deux crampons en fer placés au fond extérieur. Les angles intérieurs du couvercle avaient une rainure, et la partie au-dessus des pieds était moulurée. Il est regrettable que ce sarcophage si curieux comme exécution n'ait pas été conservé.

Deux anneaux, ayant, l'un 0m 03 et l'autre 0m 02 de diamètre, et que j'ai dans ma collection, furent trouvés sur le sternum du squelette, mieux conservés relativement que ceux qui étaient dans les autres sarcophages. Quelques fragments de tissus, conservés par l'oxyde de cuivre, étaient encore adhérents à ces fragments.

Fosse 24. — Sépulture à même le sol. Squelette d'un adulte d'une taille de 1m 68 et bien conservé.

Fosse 25. — (Planche 11, figure 5) — Cercueil en chêne, reposant immédiatement sur le sarcophage de la fosse n° 16. Le squelette avait une taille ne mesurant pas moins de 2m 20. Il était dans un état parfait de conservation et semblait appartenir à un individu de faible constitution. La tête a été donnée au musée anthropologique du Muséum. Cette taille considérable a été constatée par divers témoins.

Fosse 26. — A même le sol, sépulture d'un enfant de 5 à 10 ans. Squelette parfaitement conservé.

Fosse 27. — Sarcophage de 1 mètre de long sur 0m31 de large à l'intérieur. Epaisseur de 0m 15, angles arrondis aux pieds. Ossements d'un enfant de 4 à 5 ans en poussière.

Fosse 28. — Sarcophage mesurant intérieurement 0m 95

de longueur sur 0^m32 de largeur à la hauteur des épaules. Restes en poussière d'un enfant de 3 à 4 ans.

Fosse 29. — Sépulture à même le sol d'un enfant de 12 à 15 ans bien conservé.

Fosse 30. — Squelette d'adulte mesurant 1^m70, dont la conservation est belle.

Fosse 31. — Sarcophage de 0^m80 de long et de 0^m28 de large. Squelette d'un enfant de 10 à 12 mois réduit en poussière.

Fosse 32. — Sarcophage renfermant les restes d'un enfant de 12 à 15 ans. Longueur 1^m20, largeur 0^m30, épaisseur de la pierre, 0^m08.

Fosse 33. — Sarcophage de 1^m05 de long sur 0^m30 de large aux épaules ; épaisseur de la pierre, 0^m08. Enfant de 7 à 10 ans.

Fosse 34. — Sarcophage en pierre dure d'une épaisseur de 0^m12, bien taillée, avec angles arrondis à la tête. Sa longueur intérieure est de 1^m78 et sa largeur 0^m45. Le squelette qu'il renferme est celui d'un adulte d'une taille de 1^m65 ; grâce à sa conservation relativement bonne, j'ai pu remarquer une fracture de la tête, une autre au fémur, et une troisième au-dessous du petit trochanter.

Fosse 35. — Sarcophage long de 1^m25 et large de 0^m29 ; pierre épaisse de 0^m08. Enfant de 8 à 10 ans dont les ossements étaient en mauvais état de conservation.

Fosse 36. — Sarcophage semblable au précédent avec ossements mal conservés d'un enfant de 7 à 8 ans.

Fosse 37. — Sarcophage de 0^m68 de longueur intérieure sur 0^m28 de largeur. Pierre épaisse de 0^m07. Ossements d'enfant de 2 à 3 ans en poussière.

Fosse 38. — Sarcophage de 1^m98 de long et de 0^m42 de large à l'intérieur avec pierre de 0^m14 d'épaisseur. Les angles extérieurs sont arrondis et le couvercle a une épaisseur de 0^m20 ce, qui donne au monument une hauteur totale de 0^m60. Squelette d'adulte dont la taille mesure 1^m68.

Dans ce sarcophage, j'ai trouvé, au milieu des cendres produites par la décomposition du corps et des vêtements, au-dessus de l'iliaque gauche du squelette, une fort belle fibule appartenant à l'époque mérovingienne. Ce bijou, très bien conservé, est en bronze ciselé et argenté ; au centre, comme l'indique le dessin (Planche 3, figure 2), est une tête barbare. La disposition des guillochis et des trois cabochons ou clous rivés à tête à bords dentés, produit un effet assez heureux au point de vue décoratif.

Fosse 39. — Sarcophage mesurant intérieurement 1^m20 de long et 0^m31 de large. Le squelette qu'il renfermait était en poussière. C'était celui d'un enfant de 8 à 10 ans.

Fosse 40. — Sarcophage long de 1^m56 et large de 0^m47. La pierre, épaisse de 0^m11, est d'une finesse et d'une taille remarquables. Squelette d'adulte en poussière.

Fosse 41. — Sarcophage d'une longueur intérieure de 1^m50 sur 0^m25 de largeur en pierre dure épaisse de 0^m11.

J'ai trouvé sous le crâne, dans la poussière des ossements qui sont ceux d'un enfant de 12 à 15 ans, une petite monnaie de bronze à l'effigie de Constant I qui est fort bien conservée.

Fosse 42. — Le sarcophage de cette fosse avait 0^m67 de long et 0^m28 de large. Les ossements en poussière étaient ceux d'un enfant de 12 à 18 mois.

Fosses 43 et 44. — Les deux sarcophages trouvés étaient semblables. D'une longueur de 0^m69 et d'une largeur de 0^m28, ils contenaient des ossements d'enfants de 12 à 18 mois en poussière. L'épaisseur de la pierre mesurait 0^m07.

Fosse 45. — Sarcophage reposant sur celui de la fosse 41. Il contenait les restes d'un enfant de 15 à 20 mois, et avait une longueur de 0^m70 et une largeur de 0^m29. L'épaisseur de la pierre était de 0^m07.

Fosse 46. — Sarcophage de 1ᵐ 58 de long sur 0ᵐ 40 de large, avec angles arrondis à la tête. La pierre, d'une belle finesse, avait 0ᵐ 11 d'épaisseur. Squelette d'un enfant de 12 à 15 ans, de mauvaise conservation.

Fosse 47. — Sépulture à même le sol. Le squelette d'adulte que j'y ai trouvé était bien conservé et avait une taille de 1ᵐ 64 (Voir Planche 3, figure 3). A droite du crâne figurait une poterie en terre noirâtre contenant une poussière blanche, le produit de la décomposition des aliments qui y avaient été déposés. Ce vase mesure 0ᵐ 12 de hauteur, 0ᵐ 12 de diamètre au centre et 0ᵐ 08 à l'orifice ; la base compte 0ᵐ 04 de diamètre. Un couvercle en terre grisâtre, émail noir, avec un bouton de tirage, recouvrait cette poterie qui doit appartenir à l'époque mérovingienne et qui se rencontre à Paris plus rarement que la poterie gallo-romaine.

A quelques centimètres de cette fosse, j'ai trouvé des fragments de poteries en terre rouge.

Fosse 48. — Cette fosse n'a pas été ouverte.

Fosses 49 et 50. — Puits du xivᵉ siècle au fond duquel gisaient quelques poteries des xivᵉ et xvᵉ siècles. Murailles d'anciennes maisons remontant à la même époque.

Fosse 51. — Sarcophage de 1ᵐ 50 de longueur intérieure et de 0ᵐ 38 de large ; pierre de 0ᵐ 09 d'épaisseur, le sarcophage arrondi à la tête mesurait avec son couvercle une hauteur totale de 0ᵐ 60. Il contenait le squelette mal conservé d'un enfant de 10 à 12 ans, sous les os maxillaires duquel il y avait une monnaie de bronze très fruste à l'effigie de Constantin.

Fosse 52. — Sarcophage de 1ᵐ 30 de long sur 0ᵐ 36 de large dont la pierre mesurait 0ᵐ 12 d'épaisseur. Les ossements, d'un enfant de 8 à 10 ans, étaient en mauvais état de conservation.

Fosse 53. — Squelette d'enfant de 8 à 10 ans en poussière

dans un sarcophage mesurant intérieurement 1ᵐ41 de longueur et 0ᵐ38 de largeur ; la pierre avait 0ᵐ11 d'épaisseur.

Fosse 54. — Sépulture à même le sol. Le squelette, appartenant à un enfant de 12 à 15 ans, était bien conservé. J'ai trouvé dans cette fosse dix clous de cercueil en bon . état dont la longueur mesurait 15 à 18 centimètres. J'y ai trouvé aussi une monnaie, petit bronze, à l'effigie de Néron, dont la conservation ne laisse rien à désirer. Les monnaies (petits bronzes) à l'effigie de cet empereur sont rares dans les fouilles de Paris.

Fosse 55. — Fondements d'une construction du xɪvᵉ ou xvᵉ siècle en beaux moëllons taillés.

Fosse 56. — Cave d'une ancienne maison dans laquelle j'ai trouvé de beaux fragments de poteries du xɪvᵉ siècle et aussi quelques monnaies françaises du temps de Charles VII.

Fosse 57. — Sarcophage de 1ᵐ60 de longueur sur 0ᵐ40 de largeur à l'intérieur et 0ᵐ11 d'épaisseur. Les angles à la tête étaient arrondis. Ossements d'un enfant de 15 à 16 ans en poussière.

Fosse 58. — Sarcophage contenant les restes en poussière d'un enfant de 6 à 8 ans. 1ᵐ29 de long sur 0ᵐ30 de large et 0ᵐ13 d'épaisseur.

Fosse 59. — Sarcophage de 1ᵐ15 de longueur et de 0ᵐ26 de largeur à la hauteur des épaules. La pierre comptait 0ᵐ09 d'épaisseur. Sous le crâne d'un enfant de 4 à 6 ans que ce sarcophage contenait, j'ai trouvé une monnaie romaine à l'effigie de Constantin très bien conservée. Toutes les monnaies trouvées dans les sépultures d'enfants sont de petits bronzes.

Fosse 60. — Sarcophage mesurant intérieurement 1ᵐ38 de long et 0ᵐ30 de large, présentant une épaisseur de 0ᵐ08 et contenant les ossements en poussière d'un enfant de 7 à 10 ans,

Fosse 61. — Sépulture à même le sol renfermant un squelette d'adulte, prés de la tète duquel il y avait une monnaie en bronze à l'effigie de Constantin. A 10 centimètres au-dessus du crâne, je trouvai une jolie lampe monolychne en bronze, de style grec, dans un état de fort bonne conservation. Elle contenait encore une pâte noire, sorte de dépôt produit par le noir de fumée résultant de la combustion de la mèche dont quelques fils conservés par l'oxyde de cuivre étaient encore visibles et sortaient légèrement du bec de la lampe. La régularité des lignes nous indique que cette lampe avait été fondue d'un seul jet et n'avait pas passé par les mains du ciseleur (Planche 14, figures 6 et 7). Et l'aspect général de l'ustensile confirmait quelques-unes des notions bien connues sur les procédés de l'éclairage chez les anciens.

Les Grecs et les Romains se servaient de mèches en fil de lin ou de chanvre. On appelait verbascus chez les Latins une autre sorte de mèche que l'on faisait avec la tige d'une plante ligneuse qui n'est autre que le bouillon-blanc, plante bisannuelle de l'espèce des molènes et de la famille des solanées.

Les lampes en métal, chez les anciens, pouvaient être pendues au moyen de chaînettes de bronze, ou bien elles étaient facilement transportables, comme celle dont je viens de parler.

On pense que les Egyptiens ne se servaient pas du fruit de l'olive, fruit très rare dans ce pays (suivant Strab, xvii), mais d'une huile extraite d'une plante nommée cici et qui ne doit être autre que le ricin. Elle ne devait pas répandre une odeur aussi nauséabonde que celles faites de matières animales.

Fosse 62. — Squelette d'adulte bien conservé.

Fosse 63. — Sarcophage de 1^{m}40 de long sur 0^{m}32 de large et de 0^{m}12 d'épaisseur, contenant les ossements d'un enfant de 5 à 6 ans en fort mauvais état.

Fosse 64. — De même épaisseur que le précédent, le sarcophage trouvé dans cette fosse mesurait 1m30 de long et 0m35 de large. Il contenait les ossements en poussière d'un enfant de 5 à 6 ans.

Fosse 65. — Squelette d'enfant de 8 à 10 ans, de belle conservation.

Fosse 66. — Sarcophage de 1m19 de long et de 0m28 de large avec angles arrondis à la tête et une épaisseur de 0m07. Ossements d'enfant de 3 à 4 ans, de conservation médiocre.

Fosse 67. — Sarcophage de 0m77 de long et de 0m32 de large taillé dans une feuille de plomb de 5 millimètres d'épaisseur. Les côtés ont été relevés au moyen du martelage, et le couvercle ne ferme qu'imparfaitement ce sarcophage qui avait été mis dans un cercueil de chêne avant d'être enterré. Sa conservation est parfaite, et il est dans ma collection. J'y ai trouvé quelques clous en fer et le squelette d'un enfant de 8 à 10 mois, dont l'os maxillaire inférieur avec des dents dans leur alvéole était seul bien conservé.

Fosse 68. — Squelette d'adulte en bon état dont la taille était de 1m66.

Fosse 69. — Sarcophage d'enfant de 1m50 de longueur.

Fosse 70. — Sarcophage de 1m38 de long sur 0m34 de large à la hauteur des épaules et intérieurement. Squelette bien conservé d'un enfant de 8 à 10 ans. Epaisseur de la pierre, 0m12.

Fosse 71. — Les ossements, d'un enfant de 12 à 15 ans, étaient en poussière dans un sarcophage long de 1m35, large de 0m34 et épais de 0 11.

Fosse 72. — Squelette d'un enfant de 12 à 15 ans dans un sarcophage mesurant 1m40 de longueur, 0m32 de largeur et épais de 0m12.

Fosse 73. — Sépulture à même le sol renfermant un

squelette d'adulte d'une taille de 1ᵐ72, bien conservé, et des fragments de poteries rouges portant le sigillum.

Fosse 74. — Squelette d'adulte de 1ᵐ65 en bon état, avec des clous de cercueil.

Fosses 75 et 76. — Sépultures à même le sol d'enfants de 12 à 15 ans dont le squelette était de bonne conservation.

Fosses 77 et 78. — Squelettes d'adultes bien conservés ayant une taille, le premier de 1ᵐ60, le second de 1ᵐ68.

Fosse 79. — Sépulture à même le sol, où j'ai trouvé un squelette d'enfant de 7 à 8 ans bien conservé et aussi des clous de cercueil.

Fosse 80. — Adulte de 1ᵐ70 dont le squelette était en très bon état.

Fosse 81. — Enfant de 8 à 10 ans dont les ossements étaient bien conservés.

Fosse 82. — Squelette d'un enfant de 9 à 11 ans, ayant une taille de 1ᵐ16 et en bon état.

J'ai constaté avec soin, dans chacune de ces sépultures, l'âge et la taille des squelettes. J'ai retiré de ces observations la certitude absolue que l'espèce humaine n'a pas dégénéré comme le supposent un grand nombre de gens. Je me souviens que les hommes que j'ai employés dans mes fouilles hésitaient à me croire lorsque, prenant un fémur ou un humérus, je le comparais aux miens devant eux et voulais ainsi leur prouver que la taille des morts dont nous trouvions les ossements ne dépassait pas souvent la taille ordinaire (1ᵐ66). Et cela me porta naturellement à faire quelques réflexions sur la stature des hommes selon les âges et les latitudes. On aurait encore tendance aujourd'hui à s'imaginer des races de géants, comme en rêvait la crédulité populaire dès la plus haute antiquité. On croyait ainsi à des familles, à des peuples de nains. Les Hellènes inventèrent les Pygmées qui, selon bon nombre d'auteurs grecs et latins, Homère, Aristote, Athénée, Plutarque, Pline, Juvénal et maints autres, habitaient l'Abyssinie, la Nubie, vers les sources du Nil sur lequel ils naviguaient pour transporter le vin de lotus, boisson très recherchée des anciens; l'Inde, l'Arabie, les bords de la mer Rouge, etc. Que de fois la légende et la poésie n'ont-elles pas représenté les Pygmées livrant bataille aux grues, leurs irréconciliables ennemis ! Des écrivains du moyen âge et de la renaissance ont attesté l'existence de peuplades exclusivement composées de nains en Laponie et au Japon. Certes, les habitants de ces pays ne sont pas des Goliaths, mais ils ne sont pas non plus des nains.

Une fable aussi s'est répandue sur la taille des Gaulois, des Romains et des Germains. Ce qu'il y a de certain, c'est que la taille humaine varie selon les latitudes, mais cette différence n'excède pas quelques centimètres. L'influence du climat et de l'alimentation en est la seule cause. Les hommes de haute taille se trouvent surtout dans les pays froids (Encore n'est-ce pas général : témoins les Lapons et les Esquimaux). Dans le nord de l'Europe, Livonie, Suède, Danemark, Russie, etc., la moyenne de la taille humaine est plus élevée que dans le centre. Les Gaulois et les Francs, bien que de taille moyenne, avaient une plus haute stature que les Romains, nés sous un climat plus chaud. Il semblerait qu'un ciel brûlant produirait les mêmes effets que les grands froids. Ce qui a fait souvent croire à l'existence de géants, ce sont les exhumations qui ont été faites dans différents pays d'ossements d'éléphants assez semblables à ceux de l'homme, principalement le tibia et le fémur. En 1584, le savant médecin Félix Plater, professeur à Bâle, examina des ossements d'éléphant trouvés à Reyden (canton de Lucerne) et déclara qu'ils ne pouvaient provenir que d'un géant de la taille de 19 pieds. L'anatomiste Blumenbach détruisit l'assertion de Plater et prouva d'une manière très aperte que les ossements soumis à l'examen du fantaisiste docteur venaient de la carcasse d'un éléphant.

Au xvie siècle, Pigaffetta, un des compagnons de Magellan, a donné une description fantaisiste des Patagons, habitants de l'extrémité sud de l'Amérique; ses dires furent confirmés par Leya qui, par amour du pittoresque, porta à trois ou quatre mètres la taille de ces sauvages.

On a fait aussi, aux xviie et xviiie siècles, des découvertes semblables à celle de Reyden, et partout on crut à l'existence de géants. Combien de gens encore, entichés du merveilleux, caressent la même croyance chimérique !

Les anthropologistes modernes ont réduit à ses justes proportions la taille humaine; la moyenne la plus élevée qui a pu être constatée, en dehors de l'exceptionnel, du prodigieux, ne dépasse pas 1^{m}73.

Dans toutes les fouilles que j'ai faites, soit à Paris, dans les quartiers Saint-Marcel, du Val de Grâce et du Panthéon, soit dans les départements, la moyenne de la taille constatée sur les squelettes découverts ne dépassait pas 1^{m}66 à 1^{m}67. Une sépulture seulement contenait les restes d'un homme dépassant une hauteur de deux mètres. Ce spécimen extraordinaire a été relevé dans nos fouilles au boulevard Arago, près de Saint-Hippolyte, et à la fosse 25.

La multitude de squelettes que nous avons momentanément rendus à la lumière, nous a conduit à une autre observation. Elle a trait à l'ensemble du corps. L'harmonie des proportions semble ne rien laisser à désirer. La charpente est généralement forte et vigoureuse sans pour cela manquer d'élégance et de finesse. La tête surtout est fort belle. La masse cérébrale est très développée, le crâne élevé est large et relié à des temporaux très bombés. Cet ensemble indique la supériorité intellectuelle. Dans la fosse 82, j'ai trouvé un enfant dont le crâne est admirable dans ses proportions; la mâchoire est droite et garnie de 28 belles dents, deux étaient prêtes à sortir de leur alvéole au maxillaire supérieur. Le squelette du géant dont je viens de parler plus haut et qui doit être celui d'un homme de plus de 50 ans, présentait une ossature très faible, si on la compare à celle d'un homme de taille moyenne. En effet, les épaules étaient fort peu larges, et les saillies osseuses étaient moins accusées que dans les squelettes bien proportionnés. Le radius, le cubitus, le fémur, quoique très longs, n'avaient pas le diamètre ordinaire.

Enfin des résultats de nos fouilles se tire encore une conséquence au point de vue de la mortalité dans les époques contemporaines de ces sépultures.

La mort semble avoir frappé exceptionnellement les enfants; la raison probable en est que l'hygiène était peu pratiquée dans le peuple qui, ruiné par les impôts et les guerres, avait souvent à combattre un terrible fléau, la famine. On a constaté, en effet, de tous temps, que l'agglomération de la population nuit à la santé publique, que le défaut d'une alimentation substantielle est dangereux principalement pour les enfants. La médecine elle-même, outre qu'elle n'avait pas accompli les progrès actuels, ignorait nos principes de solidarité : elle oubliait souvent le pauvre. Je laisse à d'autres plus compétents que moi le soin de développer ces questions d'hygiène sociale.

A quelques mètres du champ de sépultures de Saint-Hippolyte et près des Gobelins, se voit une maison, connue dans le quartier Saint-Marcel sous le nom de maison de la Reine Blanche ou château des Marmousets, et qui se recommande à l'attention par d'importants souvenirs historiques (Planche 11, figure 6).

Comme l'ont raconté l'Anonyme (liv. ii, ch. 9 et 10), Juvénal des Ursins et le P. Daniel (hist. de Fr., t. iv, p. 182, 2ᵉ col.), c'est là qu'un accident terrible vint aggraver tristement la maladie de Charles VI. « Une dame allemande » de la maison de la Reine, dit l'auteur, se maria à un sei- » gneur de son pays, fort riche ; et les noces se firent à » l'hôtel de la Reine Blanche, au faubourg Saint-Marceau

» (Saint-Marcel) le 29 de janvier 1393 ». Tout le monde connaît cette scène si funeste pour la France, nous n'indiquerons que les noms des seigneurs qui furent victimes de cette mascarade, et qui sont moins connus. « Le jeune » comte de Joigny, suivant l'auteur, seigneur de grande » espérance, expira étouffé par les flammes. Les trois autres » qui estoient le bâtard de Foix, Aymeri de Poitiers et » Hugues de Guisai, ayant couru l'un à la rivière des Gobe-» lins, où il se jetta, l'autre à la cuisine où il se plongea » dans une grande chaudière pleine d'eau, et le troisième » s'estant fait descendre dans un puits, ne survécurent que » deux ou trois jours ».

C'est aussi à quelques mètres de l'ancien château des Marmousets que, le 14 février 1792, un magasin d'épiceries et de sucre, situé derrière Saint-Hippolyte, fut livré au pillage par les femmes du faubourg Saint-Marcel. Elles se distribuèrent quatre barils de sucre à vingt sous la livre.

Nous signalons en passant une des rares habitations gothiques que l'on rencontre à Paris, et qui aient survécu aux destructions systématiques de ce style, poursuivies avec acharnement sous Louis XIV et après lui. Voisine d'un tanneur, elle dépendait très probablement de l'habitation de la Reine Blanche, et appartient au xive siècle. J'ai dessiné une vue de la cour intérieure (Planche 11, figure 4), de l'escalier (Planche 11, figure 3) et de la porte de cave (Planche 11, figure 1), de cette dernière habitation, que l'on peut d'ailleurs visiter.

<h2 style="text-align:center">§ II</h2>

Dans un terrain immédiatement voisin du champ de sépultures dont il est parlé au chapitre précédent, M. Beignier, entrepreneur de travaux publics, commença, en juillet 1880, les travaux de construction de la maison qui porte le n° 3 du boulevard Arago. Le terrain d'alluvion était au niveau du boulevard et la terre rapportée qui le couvrait fut enlevée. J'y trouvai des fragments de poteries des xve et xvie siècles. Le terrassement terminé, je fis pratiquer des fouilles dans le sol occupé actuellement par la cour de la maison. J'ai rencontré des fosses (Planche 5, n° 5) dans lesquelles il n'y avait que des ossements en désordre ; ces tombes avaient été ravagées, il y a quelques siècles, comme le prouvent des fondations d'anciennes maisons que l'on trouva. Un peu plus tard je fis la découverte d'un groupe de neuf sarcophages (Planche 5, n°s 1 et 2), qui tous étaient des cercueils d'enfants. Cette agglomération attira mon attention, et après avoir étudié avec soin chacune de ces sépultures, je me demandai si ce terrain séparé n'avait pas été pendant un certain temps réservé spécialement aux tombeaux de jeunes enfants. Je n'avais rien rencontré de semblable jusqu'alors dans mes fouilles dans ce quartier et dans tout Paris ! Peut-être une épidémie avait-elle sévi, à une époque, sur les enfants qui furent alors inhumés à part. Deux de ces sarcophages étaient serrés l'un contre l'autre : deux tombes fraternelles, peut-être. Tous étaient légèrement inclinés vers les pieds, et avaient la tête au levant. Ils étaient scellés par un blocage de pierres reliées entre elles par un ciment d'une résistance si considérable qu'en faisant une pesée pour dégager un de ces cercueils, la pince fit éclater la pierre du sarcophage, mais n'entama pas le ciment qui ne céda qu'aux coups réitérés de la pioche. Près d'une de ces sépultures j'ai trouvé des fragments de coupes en terre rouge portant le sigillum OFF. SAB et appartenant à l'époque gallo-romaine.

En poursuivant mes recherches parmi les travaux de déblaiement je fus arrêté par un cercueil (Planche 4, figure 2, fosse n° 2) qui, après avoir été débarrassé de la terre dont il était recouvert, laissa voir à la partie supérieure et extérieure du chef, cinq oves (v. la Planche 4), ornements en forme d'œuf fort en usage chez les gallo-romains, à en

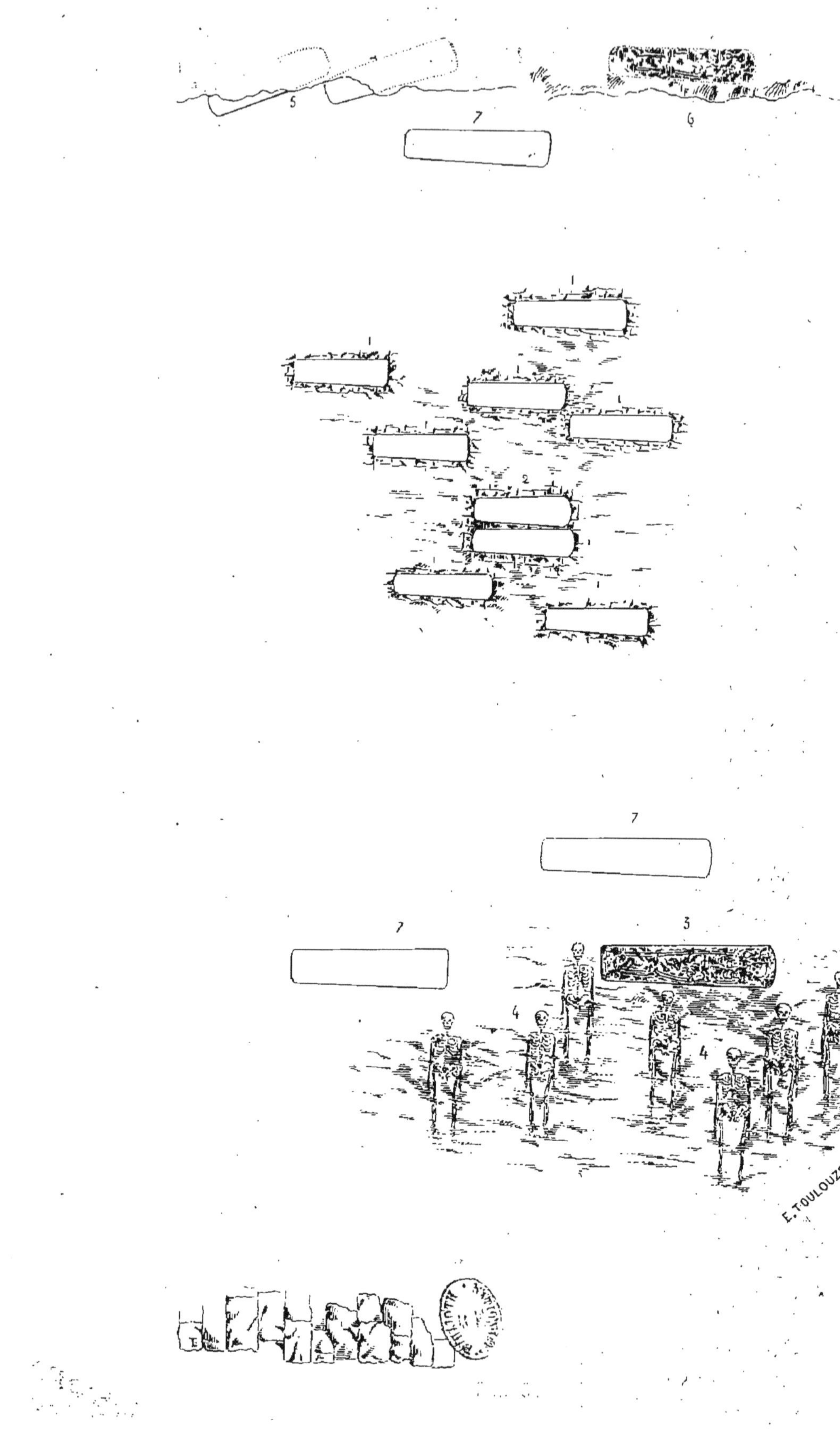
E. TOULOUZE

F. 3

hauteur
0,08

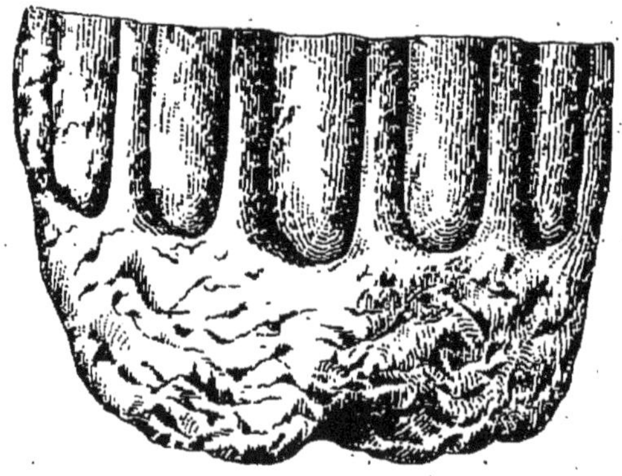

F. 2

PL. 4

juger d'après les nombreux échantillons de poteries de cette époque que je possède, et qui trahissent le même genre de décoration. Cette particularité me frappa ; je demandai qu'on dégageât avec soin le sarcophage, que je fis porter dans ma collection. Il mesure $0^m 76$ de long sur $0^m 44$ de large, à l'extérieur, et $0^m 65$ centimètres de longueur avec une largeur de $0^m 30$ à la hauteur des épaules, à l'intérieur. Les oves, de $0^m 15$ de hauteur, sont grossièrement exécutées. Ce petit sarcophage appartient sans doute à la fin de l'époque gallo-romaine, il est le seul qui porte cette ornementation, ce qui ferait croire qu'il est antérieur aux autres cercueils de ce quartier qui appartiennent presque tous à l'époque mérovingienne et au moyen âge.

Dans le sarcophage de la fosse n° 3, à la droite du visage, j'ai trouvé une *ampulla* ou lacrymatoire en verre d'une très belle conservation et d'une irrisation remarquable. La hauteur mesure $0^m 08$ centimètres et sa largeur $0^m 06$ centimètres. Cette petite fiole fait partie de ma collection ainsi qu'une autre absolument semblable que j'ai rencontrée dans la fosse n° 6 (Planche 4, figure 3).

J'ai trouvé encore deux sarcophages en pierre contenant des restes de squelette en mauvais état de conservation (Fosse 7, Planche 5).

Ces deux derniers, ainsi que ceux des fosses 3 et 6, renfermaient des adultes.

Dans les fouilles faites en cet endroit, j'ai pu remarquer que l'orientation des cercueils était partout la même. J'ai pu constater aussi que ceux qui étaient destinés aux adultes avaient une longueur totale de $2^m 10$ à $2^m 20$. Celui de la fosse n° 3 mesurait intérieurement $1^m 90$ de long sur $0^m 60$ de large à la hauteur des épaules et $0^m 40$ à la hauteur des genoux ; l'épaisseur de la pierre était de $0^m 11$ à la tête et sur les côtés, et $0^m 13$ au fond, ce qui donne une longueur totale de $2^m 14$ centimètres. Ces grands sarcophages n'étaient pas scellés comme ceux des enfants, ils étaient déposés simplement dans le sable.

Enfin je mis à découvert, comme l'indique le plan joint au texte, sept squelettes dans des sépultures affleurant le sol, où je trouvai quelques clous de cercueil. Ces squelettes appartenaient à une époque postérieure à celle des sarcophages, quoique se trouvant à la même profondeur dans la terre. L'absence totale de poteries et de verreries m'a fait adopter cette opinion.

A l'époque gallo-romaine, en effet, comme je l'ai pu constater dans toutes mes fouilles, il était rare qu'on ne mît pas, à côté du mort dans son cercueil, des poteries ou d'autres objets familiers. Cette espèce de mobilier funéraire se composait de vases de toutes formes et de toutes couleurs, tels que : *Scyphus* ou coupe à boire ; *urna,* sorte de cruche ; *œnochoée,* vase à vin ; *catinus,* sorte de plat profond ; *cortina,* chaudron à bouillir la viande ; *calix,* petite coupe ; *cupa,* petit tonneau ; *guttus,* vase à col étroit; *dolium,* etc. Parmi les autres objets principaux que j'ai trouvés dans les sarcophages, il y avait des fourchettes, des perles en verre et en terre de toutes couleurs, des ustensiles de toilette. Dans les quartiers du Val-de-Gráce et du Panthéon, certains vases rencontrés en fouillant contenaient des restes d'aliments, tels que des ossements de lapin, de porc, de poulet, de mouton, des coquilles d'œufs bien conservées.

Aux quartiers Saint-Marcel et de la Maternité, quelques vases contenaient des parfums. Mais les objets que j'ai trouvés le plus souvent sont les monnaies, tantôt placées sur le crâne ou même dans l'orbite de l'œil, tantôt renfermées dans des vases et protégées par une espèce de matière spongieuse. Ces monnaies déposées dans le cercueil du mort devaient payer le fatal passage du Styx.

La coutume de déposer des vases avec des aliments explique la présence, dans certaines sépultures, de four-

chettes et de cuillers et même de couteaux. Les cuillers qui
ont été trouvées étaient presque toujours placées dans
des vases ne contenant plus rien d'appréciable, mais qui
avaient renfermé du miel ou des fruits cuits (Planche 3,
figure 23). La cuiller en bronze saucé, sorte de *lingua*,
dont je vais donner les proportions, a été découverte dans
un vase qui avait probablement contenu des confitures,
mets favori du défunt. Touchante sollicitude de la famille
qui ne veut pas séparer du mort les moindres choses qu'il a
aimées. La longueur totale de cette cuiller est de 0ᵐ17 ;
l'ovale mesure 0,060 millimètres sur 0,033 de large, la concavité est de 0,004 millimètres, l'épaisseur du métal est à peu
près celle du papier à dessin ; il porte trace d'argenture.
Une usure à la partie concave paraît résulter de son séjour
dans la poterie qui ne la protégeait qu'imparfaitement
contre l'humidité du sol ; cette même partie porte une trace
apparente du grattoir qui a servi à régulariser l'épaisseur
du bronze. L'extrémité manuelle, qui devait sans doute
recevoir un manche, se termine en pointe et porte la trace
du martelage ; elle mesure 0,002 millimètres de large sur
0,003 d'épaisseur, et porte près de sa naissance de petites
entailles parallèles gravées au burin (Voir le profil de la
figure 23, planche 3).

La poterie qui renfermait la cuiller était un vase gris-
perle à col évasé et de base étroite. J'ai fait la découverte
de ces deux objets à Saint-Marcel, dans une sépulture chrétienne appartenant certainement à la fin de l'époque gallo-
romaine (Voir planche 3, figure 23).

CHAPITRE V.

QUARTIER DU JARDIN DES PLANTES

(ancien Quartier St-Marcel)

SÉPULTURES CHRÉTIENNES
SUR LA RIVE DROITE DE LA BIÈVRE (IVᵉ — Vᵉ siècles)

§ I

Quelques sarcophages en pierre et des sépultures à même le sol, que j'avais trouvés dans les nᵒˢ 2, 4 et 6 du boulevard Arago, appartenant au moyen âge, ne contenaient rien qui pût intéresser l'archéologie. Aux maisons portant les nᵒˢ 2, 4 et 6 du boulevard de Port-Royal, je rencontrai des sépultures chrétiennes de l'époque gallo-romaine qui renfermaient des vases curieux (Planche 6, vase en terre, figure 5, vase à anse en terre grise, figure 1, et deux petits lacrymatoires placés au bas de la planche portant le nᵒ 1, les deux premières figures 1 et 5 sont au 1/5 de la grandeur de l'original et les deux dernières de 1/2 grandeur.) Ces sépultures faisaient partie du champ qui fut reconnu avenue des Gobelins à l'emplacement des nᵒˢ 6, 8, 10, 12, 14, 16 et 18 et où j'ai recueilli des monnaies romaines appartenant surtout à l'époque de Constantin le Grand, des verreries (la verrerie ne se rencontre que dans cette partie du quartier Sᵗ-Marcel), et de fort belles poteries. Si l'on opérait des fouilles dans la cour du lavoir situé au nᵒ 16 de l'avenue, on trouverait encore certainement des poteries rouges, grises et noires, en forme de coupe ou ayant le col allongé.

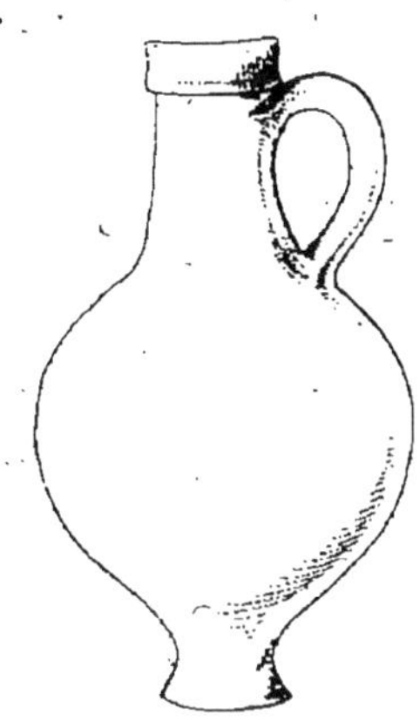

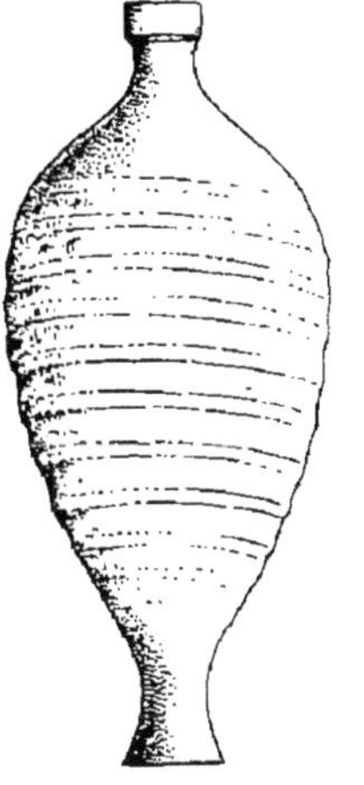

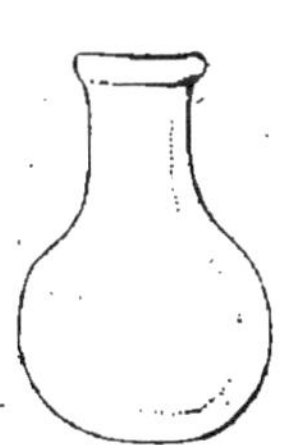

PL. 6.

E. TOULOUZE

La vaste nécropole dont il s'agit ici appartient à deux époques parfaitement distinctes. La première époque comprenait de simples fosses creusées en terre pour recevoir des cercueils de bois et quelquefois de pierre, dont l'orientation n'était pas régulière, comme je l'ai déjà remarqué à la rue Nicole (ancien clos des Carmélites) et dans les jardins de la Maternité.

La seconde époque présente deux caractères qui la différencient de la première. Les sépultures regardaient invariablement le Levant, et renfermaient presque toutes des sarcophages en pierre, déposés à une profondeur moins considérable que les cercueils de la première époque. Les fosses n'étaient pas serrées les unes contre les autres, et leur alignement n'était pas observé. Leur profondeur ordinaire variait entre 1ᵐ10 et 1ᵐ65. Les plus profondes étaient celles qui renfermaient des cercueils de bois. Quelques sarcophages n'étaient recouverts que d'une couche de terre de 15 à 25 centimètres d'épaisseur.

Ce champ de sépultures chrétiennes était situé entre la rivière de Bièvre et l'avenue des Gobelins. Le sol, en partie couvert de constructions depuis plusieurs siècles, avait été certainement remué aux abords de la rue Mouffetard. Ces constructions étaient entourées de jardins dont la terre végétale recouvrait le sol ancien d'une hauteur de 1ᵐ50. Les sépultures qui se trouvaient dans ce sol n'avaient donc pas dû être violées. Le niveau du terrain ancien était même à plus de trois mètres au-dessous de l'avenue des Gobelins en face le nº 14 où j'ai fait les découvertes les plus intéressantes de ce cimetière.

Dans les fouilles faites en cet endroit, j'ai rencontré les fondations de maisons appartenant aux xiiᵉ et xiiiᵉ siècles. Je vais suivre par ordre les diverses fosses qui furent ouvertes :

Fosse 1. — Sous une couche de sable mélangé de terre grise, M. Chapeau, chef de chantier, dont j'avais pu apprécier l'intelligence et le dévouement, mit à jour un sarcophage en pierre qui fut enlevé immédiatement. La longueur intérieure mesurait 1ᵐ70 et la largeur aux épaules 0ᵐ45. Sous une couche de sable très fin qui l'emplissait presque complètement, ce cercueil contenait le squelette d'une jeune femme, dont le crâne dégagé avec soin était en fort bel état de conservation; malheureusement, la chute d'une pierre brisa le pariétal gauche. Les maxillaires sont complets, et si jamais le mot *perles* dut être appliqué à des dents, ce fut certainement à celles de cette jeune femme. La structure, quoique petite (1ᵐ40), est remarquable par ses proportions, d'après l'examen des os des bras et des jambes que j'ai trouvés très bien conservés.

Près de la tête, au-dessus de la clavicule droite, était placé un gobelet d'une contenance de 25 centilitres à peu près et en verre mince d'une irrisation admirable, et assez semblable à l'argent bruni. Il était plein de sable, et au contact des doigts il se brisa en cinq morceaux que je recueillis précieusement (Planche 7, figure 3). Sous la tête, dans le sable, il y avait une pièce romaine très fruste, à l'effigie de Constantin (Planche 7, figure 1). A la hauteur de l'iliaque gauche, je trouvai un bracelet en bronze rompu en quatre morceaux (Planche 7, figure 1). Il était à l'avant-bras gauche et reposait sur le radius et le cubitus.

Fosse 2. — Dans un sarcophage de 1ᵐ95 de longueur intérieure sur 0ᵐ48 de largeur aux épaules et dont la pierre avait une épaisseur de 0ᵐ14, j'ai ramassé à droite de la tête d'un squelette en mauvais état un gobelet en verre (1) dont les quatre morceaux réunis forment un ensemble remarquable (Planche 7, figure 2). Ce vase a un diamètre de 0ᵐ09 et une hauteur de 0ᵐ06 et demi; l'épaisseur du verre qui est de 0ᵐ003 aux bords ne compte plus qu'un millimètre à la

_____

(1) Les vases en verre sont rares; leur fragilité ne peut résister à l'humidité; quand on en trouve, ils sont presque toujours cassés et sont généralement blancs, mais j'en ai trouvé de couleurs diverses.

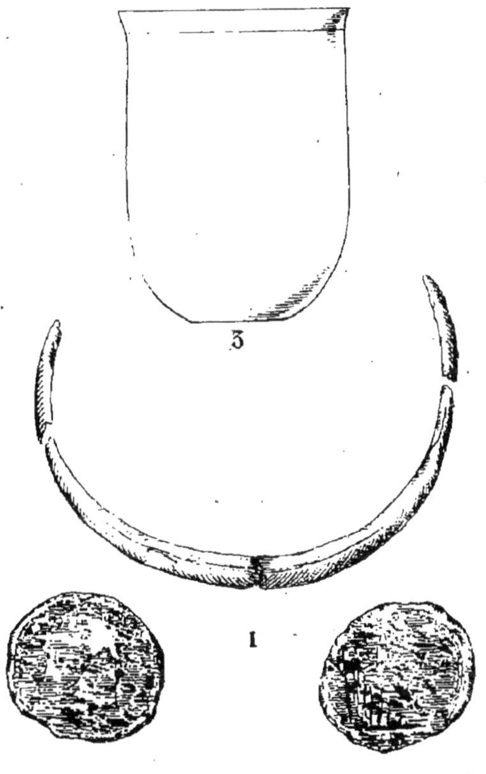

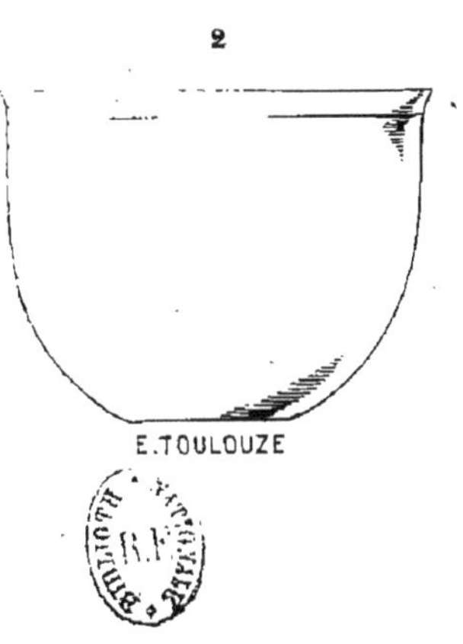

PL. 7

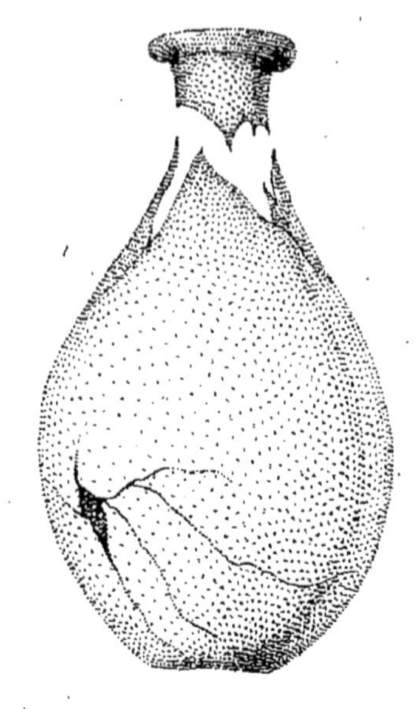

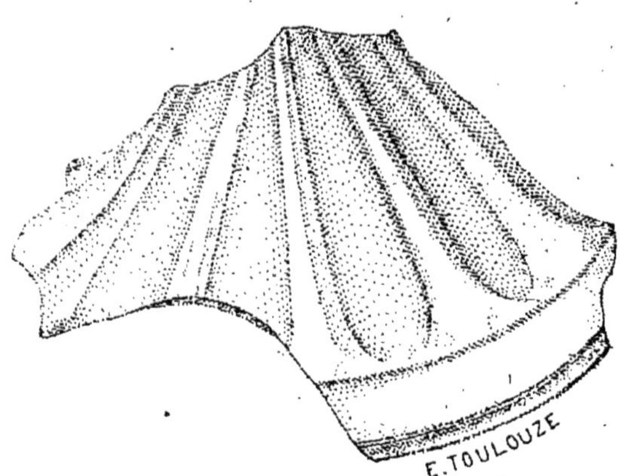

E.TOULOUZE

PL. 8

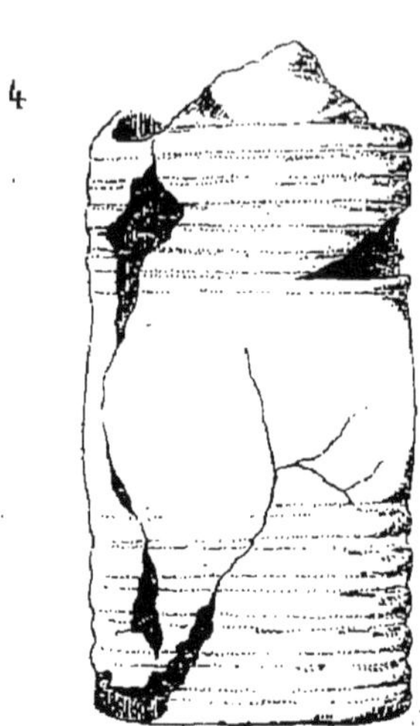

F. 4

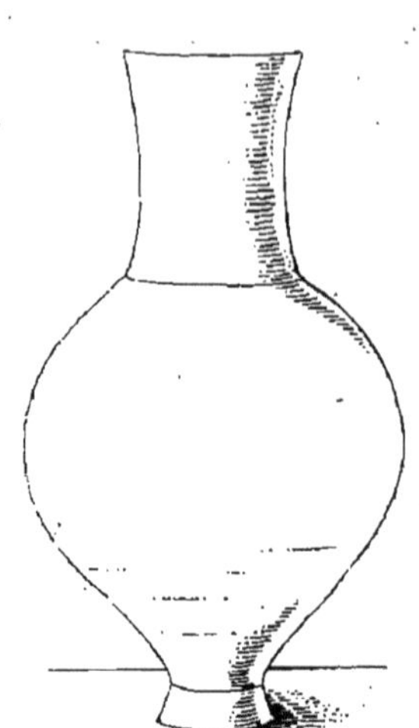

F. 6

F. 15

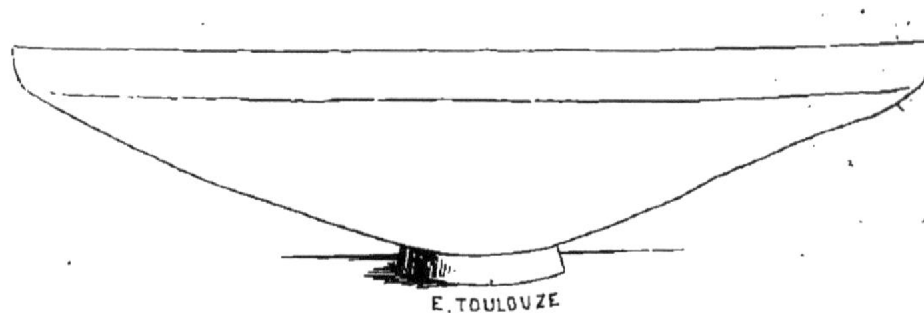

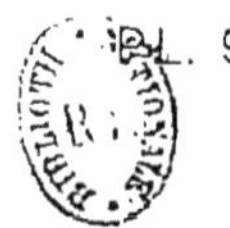

PL. 9.

base. Les dents de ce squelette étaient fort belles et bien rangées.

Fosse 3. — Le sarcophage de cette fosse contenait une *ampulla* en verre, semblable, quant à la forme et au volume à une grosse poire d'Angleterre (Planche 8). Malheureusement elle était brisée en plusieurs morceaux que j'ai ramassés avec le plus grand soin et que j'ai rapprochés avec beaucoup de difficultés, étant donné le peu d'épaisseur du verre qui ne dépasse pas celle du papier à dessin. Je suis parvenu cependant à reconstituer ce petit vase dont la hauteur est de 0ᵐ13 et le diamètre 0ᵐ06 et demi. Les ossements du squelette étaient bien conservés.

Près du sarcophage, j'ai trouvé un fragment de coupe en verre extrêmement fin et ornée de très beaux reliefs (Planche 8).

Fosse 4. — J'ai recueilli dans le sarcophage, long de 1ᵐ92 et large de 0ᵐ44, un vase en verre qui se trouvait près du temporal, à droite de la tête du squelette. Ce vase, d'une contenance de deux litres environ, a la forme d'un tonneau allongé. Il est orné de moulures assez semblables aux cercles de nos futailles et placées en haut et en bas ; il est fermé aux deux extrémités, et n'a qu'une ouverture de forme carrée, avec bords arrondis, par laquelle sortait le liquide. L'épaisseur du verre était d'un millimètre ou d'un millimètre et demi aux flancs et aux bouts, à d'autres places elle était comme celle d'une feuille de papier à dessin (Planche 9, figure 4). Ce vase est la *cupa*, sorte de petite barrique dont se servaient les anciens pour mettre du vin ou tout autre liquide. Je dois déclarer qu'il est le seul de ce genre que j'aie rencontré dans mes recherches archéologiques à Paris, je l'avais trouvé brisé en plusieurs morceaux que j'ai heureusement réunis pour lui rendre sa forme primitive. Il est dans notre collection.

Fosse 5. — La sépulture à même le sol se trouvait sous le sarcophage de la fosse n° 1. Le squelette était en bon état de conservation. J'y ai ramassé des clous de fer de 0^m15 à 0^m18 de longueur auxquels adhéraient encore des fragments de chêne que l'oxyde de fer avait protégés. Le bois du cercueil devait avoir 0^m08 à 0^m10 d'épaisseur. Il y avait aussi dans cette sépulture un vase en pâte tendre cuite à une faible température dont le type se rencontre rarement.

Fosse 6. — Sarcophage de 2^m00 de long sur 0^m47 de large à l'intérieur à la hauteur des épaules et de 0^m11 d'épaisseur. J'ai trouvé près de la tête un très joli vase en terre d'un ton gris-perle (Planche 9, figure 6). Ce vase, d'une pâte dure et d'un vernis fort beau, mesurait 0^m16 de hauteur sur 0^m09 et demi de diamètre à sa partie la plus large, et seulement 0^m04 à sa base. Le col, élégamment évasé, avait un diamètre de 0^m05. Sous les maxillaires se trouvait une monnaie à l'effigie de Claudius, grand bronze, de belle conservation.

Fosse 7. — Cette fosse fut ouverte le 30 avril 1880. J'étais seul avec le chef de chantier dont l'aide me fut fort utile. Il nous fut impossible de soulever le couvercle du sarcophage ; il avait 0^m18 d'épaisseur et 2^m25 de longueur et nous n'avions pas les leviers en fer seuls possibles pour soulever cette masse. Nous avons dû faire une tranchée à côté du sarcophage et briser la pierre à la hauteur de la tête. L'intérieur du cercueil était rempli d'un sable fin au milieu duquel je dus fouiller à la main. Les ossements tombèrent en poussière au contact de mes doigts, sauf le crâne et les condyles. J'ai pu recueillir dans ce sable des fragments de verre très irrisé, mais se pulvérisant au toucher. Une monnaie à l'effigie de Trajan, grand bronze, fut ramassée par mon aide. Un fait tout à fait curieux que je constatai dans cette fosse, ce fut la teinte verte et la conservation du crâne dues sans doute à la pièce de bronze placée directement sur lui. L'occipital manque à cette tête que j'ai conservée dans ma collection avec la monnaie romaine que j'ai remise à la place qu'elle occupait.

Dans cette même sépulture, j'ai trouvé un vase en terre de couleur gris-perle avec anse, et une petite *ampulla* en verre de teinte violette, décorée de côtes en relief disposées longitudinalement (Planche 3, figure 5). Non loin de cette fosse se trouvait un puits sans ciment, construit sans doute du xiiᵉ au xivᵉ siècle et faisant partie d'anciennes maisons. Dans la bourbe produite au fond de ce puits par les eaux ménagères, je découvris quelques vases curieux et de fort belle conservation appartenant aux xiiiᵉ, xivᵉ et xvᵉ siècles.

Fosses 8, 9, 10 et 11. — Les sarcophages de ces fosses ont été violés aux xiiᵉ, xiiiᵉ ou xivᵉ siècles pour la construction de maisons de cette époque.

Fosse 12. — Sépulture à même le sol; squelette bien conservé; maxillaires avec toutes les dents.

Fosse 13. — Sarcophage en pierre de 1ᵐ98 de long sur 0ᵐ43 de large à l'intérieur de 0ᵐ14 d'épaisseur. Ossements en mauvais état de conservation. *Ampulla* en poussière.

Fosse 14. — Près de la fosse précédente, on rencontra un puisard, construit en pierres sèches, sans ciment ni mortier et rempli de terre et de cailloux. Ce puisard se trouvait en bordure de l'avenue des Gobelins et sous la cave d'une ancienne maison. Il fut déblayé le 12 mai 1882, et dans la terre humide et noire qu'on en avait retirée, je fis des recherches. J'ai trouvé alors une quantité assez considérable de poteries appartenant aux xiiᵉ, xiiiᵉ, xivᵉ, xvᵉ et xviᵉ siècles et dont quelques-unes étaient fort bien conservées. Voici la nomenclature des plus importantes (1).

(1) Suivant des statuts accordés en 1456 aux potiers de terre, nous voyons que cette corporation commença à se grouper sous le règne de Charles VI. Les potiers d'étain n'eurent leurs statuts qu'en 1613; l'apprentissage était de dix années et 3 ans de compagnonnage pour lesquels on devait payer 19 livres. La maîtrise ne s'obtenait qu'en présentant un chef-d'œuvre et en versant la somme, relativement élevée pour cette époque, de 500 livres.

Les corporations des vitriers et des faïenciers s'ajoutèrent plus tard aux précédentes.

Une poterie, qui était tout au fond du puisard, attira mon attention. Je la crois unique, comme forme et comme émail ; je n'en ai pas vu de semblable dans les musées de Paris (Planche 3, figure 9). Elle doit appartenir au xiiie ou au xive siècle, et elle devait remplir l'office de nos bouilloires, si j'en juge par sa base qui portait encore des traces de feu. L'émail jaune qui la recouvre en partie, et les appliques en terre qui la décorent, rappellent les pichets des xive et xve siècles (Planche 12, figures 8, 9, 11). Un émail rouge, peu fusible, complétait parfaitement l'ensemble de la décoration. Sa contenance est d'un litre.

Une petite statuette fort rare, mais malheureusement très fruste, fut aussi ramassée ; elle appartient, croyons-nous, au xive siècle, si l'on considère l'émail qui la recouvre et le genre de coiffure dont la tête est enveloppée (Planche 3, figure 7). Le dessin donne la grandeur de l'original.

Quelques poteries des xive, xve et xvie siècles, d'un genre unique, avaient une coloration fort riche (Planche 3, figure 10) et portaient, en lettres gothiques, différentes inscriptions sur les flancs, à l'instar de la coutume grecque et par allusion à leur emploi : « *Vive le jeu qui est icy ! Vive le bon roy ! Vive le bon vin !* » On sait que chez les anciens, chez les Grecs particulièrement, les vases à vin, les coupes à boire étaient historiées de devises bachiques : « Bois et ne dépose pas. — Salut et bois-moi. — Réjouis-toi. — Bois-moi. — Vide-moi. — Le beau garçon. — La belle fille. — Evohé (cri des fêtes de Bacchus) ».

Des jetons du moyen âge nous offrirent aussi leurs devises : « Vive le bon vin de France. — Vive le bon roy de France. — Vogue la galère de France. » Nous relevâmes encore des tirelires du temps de Charles VI, garnies de pièces d'argent, et des sifflets servant de jeux enfantins. Leur conservation est parfaite ainsi que celle des émaux jaunes, rouges et verts qui les décorent. Leurs reliefs ont belle apparence. Le lecteur s'en rendra compte par les

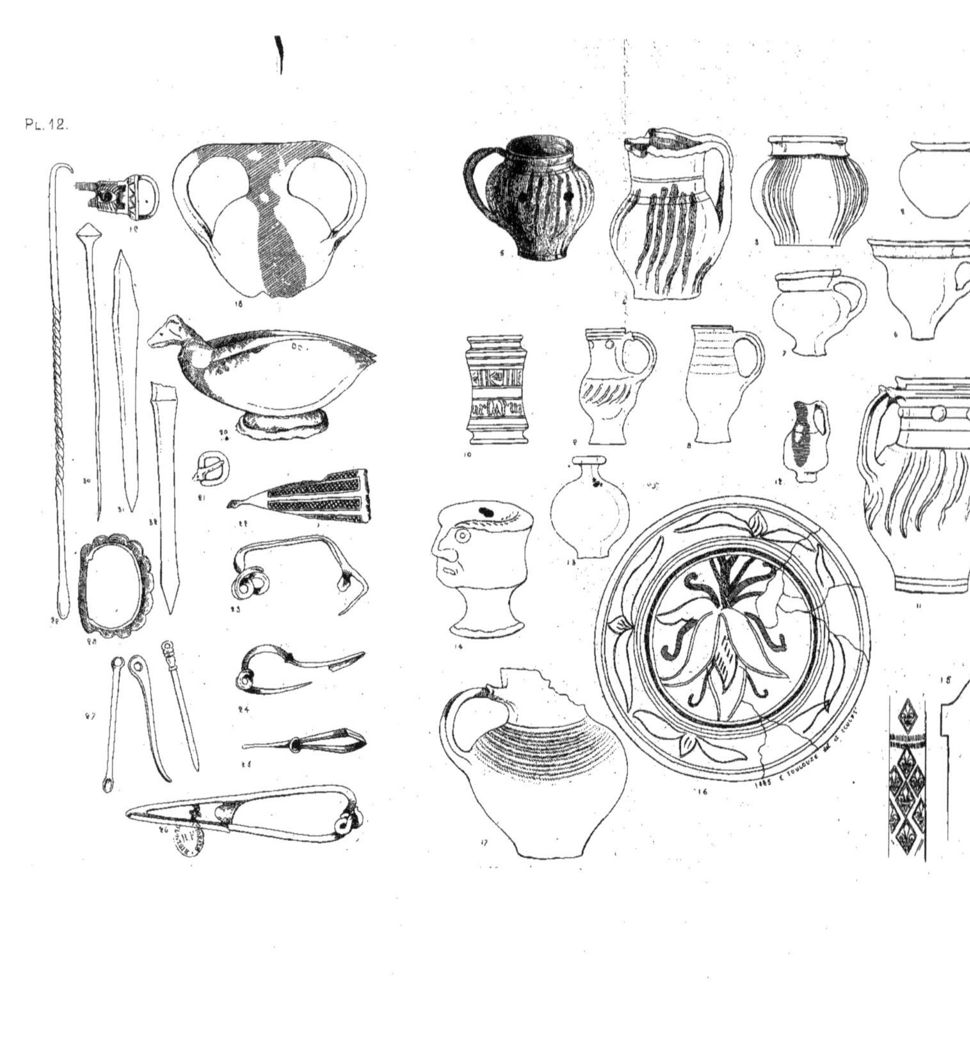

dessins (Planche 3, figure 8). L'un de ces sifflets avait une tête d'oiseau (Planche 12, figure 20) et pouvait appartenir au xv⁰ siècle. Un autre avait une tête humaine (Planche 12, figure 14) et remontait sans doute au xv⁰ ou au xvi⁰ siècle.

Les poteries appartenant à la sombre époque médiévale sont fort rares ; cela tient à ce que ces vases, ne servant que des besoins purement domestiques, on les jetait au rebut dès qu'ils ne répondaient plus à leur objet d'utilité. En outre, la coutume n'existait plus de déposer un mobilier funéraire auprès des morts, coutume qui avait du bon puisqu'on lui doit, avec les enrichissements de tant de précieuses collections, de si vives lumières sur tous les usages de la famille antique. C'est pourquoi nous avons recueilli très précieusement les débris variés de la céramique de nos pères.

Toujours dans la bourbe extraite de notre puisard, je déterrai un pichet du xiv⁰ siècle, d'une contenance de un litre 60 centilitres. L'extrémité supérieure de l'anse comporte deux trous circulaires, disposés apparemment pour recevoir une charnière pouvant faire jouer un couvercle, lequel couvercle ne put être retrouvé. Cette poterie (Planche 3, figure 6), selon nous, doit avoir été abandonnée après la perte de son complément supérieur. Divers autres pichets s'offrirent encore à ma main ; les uns émaillés en jaune, décorés de reliefs et d'appliques, d'une contenance de 85 à 90 centilitres (Planche 12, figures 8 et 9) ; les autres émaillés en jaune et vert, décorés aussi de reliefs, et pouvant contenir 150 à 170 centilitres (Planche 12, figure 11). Ces sortes de pichets appartiendraient aux xive et xve siècles. Un dernier pichet à gros ventre, pouvant contenir 2 litres 10 centilitres (Planche 12, figure 17), fut enfin ramassé. Emaillé en jaune et décoré d'incrustations, il appartient au xive siècle. L'émail de tous ces pichets, jaune ou vert, n'a pas grande épaisseur ni consistance. La mine était féconde. Le même endroit nous fournit un plat rouge d'un diamètre de 0m25 et orné d'un travail en creux émaillé de jaune. Il date du xve siècle et l'analogue se rencontre rarement (Planche 12, figure 16). Enfin, nos ouvriers tirèrent de l'*inépuisable puisard* plus de quarante poteries, pots à anses ou pichets des xive et xve siècles, plats, assiettes, ustensiles en terre des xve, xvie et xviie siècles.

Fosse 15. — Le 28 juin 1880, une tranchée fut ouverte pour les fondations du mur mitoyen des maisons nos 14 et 16 de l'avenue des Gobelins. Je ne tardai pas à être persuadé que nous posions sur une sépulture à même le sol. Le travail de déblaiement, conduit par M. Chapeau avec tout le soin possible, amena des résultats fort satisfaisants. Le bassin du squelette d'abord offrait une anatomie parfaite. Enfin, après mille précautions, on parvint à dégager le crâne dont la conservation était égale. Je commençai par recueillir une belle bouteille en terre rouge, sorte d'amphore dont la forme était des plus gracieuses (Planche 10) ; elle mesure 0m16 de haut sur 0m13 de diamètre. Mais en cherchant à dégager complètement la tête du squelette, quelle ne fut pas ma surprise de rencontrer les contours d'une coupe très grande d'un mètre de tour (Planche 9, figure 15) dans laquelle reposait le crâne possédant toutes ses dents. Cet ensemble si curieux fait aujourd'hui partie de notre collection où séjourne pareillement dans la coupe la tête qu'on y avait placée sans doute, au moment de la mise en cercueil ; on avait glissé sous la tête du mort ce plat ou coupe en terre de même nature et de même fabrication que

PL 10.

l'amphore. Auprès de ces raretés se trouvait une monnaie à l'effigie de Constantin (Planche 11, figure 8).

Autour du squelette étaient épars quelques clous de cercueil, des fragments de verre irrisé, et aussi des fragments de poteries empreints du sigillum. L'un de ces fragments représente un lion avec un guerrier, et un autre deux lutteurs ou pugilistes. Ce genre de poteries se distingue par le soin qui était apporté à la préparation de la pâte, par la parfaite exécution de la forme et par la finesse de l'émail. La pâte, d'un rouge brillant assez semblable à la cire à cacheter, très dure et très fine en même temps, ne fait pas effervescence avec l'acide nitrique, comme le prouve la coupe dont je viens de parler et dont je n'obtins le nettoyage complet qu'en la lavant dans un bain moitié eau et moitié acide nitrique, sous l'action duquel la terre se détacha et l'émail rouge apparut dans tout son éclat. Cette terre, employée surtout à la fabrication des poteries de luxe, faites au tour ou au moule, devait avoir un grain très fin qui permît de rendre fidèlement le relief attendu par l'artiste.

Quelques-unes de ces poteries se sont rencontrées qui portaient un nom incrusté dans l'argile après la cuisson, à l'aide d'un poinçon de fer ou d'une pointe de couteau très effilée dont la pointe ne laissait aucune bavure. Ce type de poterie décorée de reliefs se découvre très rarement à St-Marcel ; encore ne se rencontre-t-il qu'en fragments importés probablement des hauteurs du mont Lucotitius.

La forme, néanmoins, de ces poteries en est diverse et d'une pureté admirable. La finesse des filets et des contre-filets en creux ou en relief que l'on remarque surtous les vases indique chez l'ouvrier potier-tourneur une grande sûreté de main. La décoration varie avec chaque poterie, mais la disposition des ornements est toujours très régulière. Les figures nues sont fort bien étudiées ; j'ai devant les yeux un fragment sur lequel se remarque un petit gladiateur, armé pour le combat et haut de deux centimètres, dont les proportions sont admirablement observées malgré la difficulté que présentait le modelé d'une figure de si petites dimensions. Les sujets, — scènes mythologiques, gladiateurs, lions, chevaux, châsses, groupes de fleurs, etc. —, sont entourés ou séparés par des ornements en feuillage d'un effet remarquable. Enfin ces fragments de poteries peuvent donner des renseignements exacts sur les mœurs et les costumes qui existaient à l'époque où elles furent exécutées. — J'attire particulièrement l'attention sur un de ces fragments de terre rouge qui porte deux personnages de 35 millimètres de hauteur et complètement nus. L'artiste a sans doute voulu représenter une scène de lutte ou de pugilat, quoique les deux combattants ne soient pas armés du ceste ou gant des athlètes. Le lutteur de gauche, vu de profil, semble parer du bras gauche un formidable coup de poing que lui destine son adversaire qu'on voit de face; il se tient en garde, les jambes écartées. L'autre est moins bien placé, son bras droit est levé et l'avant-bras gauche est porté à hauteur de la tête. L'action est fort vive, les proportions bien observées, mais les bras et les têtes sont légèrement écrasés par suite, sans doute, d'une pression avant la cuisson. Ce fragment d'un vase appartenant à l'époque gallo-romaine est décoré d'oves à sa partie supérieure, et des fleurs, sorte de crucifères, entourent les personnages. Le vase, obtenu au moulage, avait été terminé au tour, comme l'indiquent quelques cercles concentriques dans la pâte.

Presque toutes ces poteries portent, avons-nous dit, un sigillum. Cette empreinte était faite avant la cuisson au fond du vase à l'aide d'un sceau fixé à l'extrémité d'une tige de fer ou de bronze. Ce sigillum était la marque du fabricant.

Voulons-nous quelques exemples de ces sortes de marques de fabrique? J'ai trouvé celles-ci au quartier du Panthéon ; elles appartenaient aux 1er, IIe et IIIe siècles. OFIC BILICATI. — PAVLINI. — CINTVGNATV. — ANDINA. — OFICINA

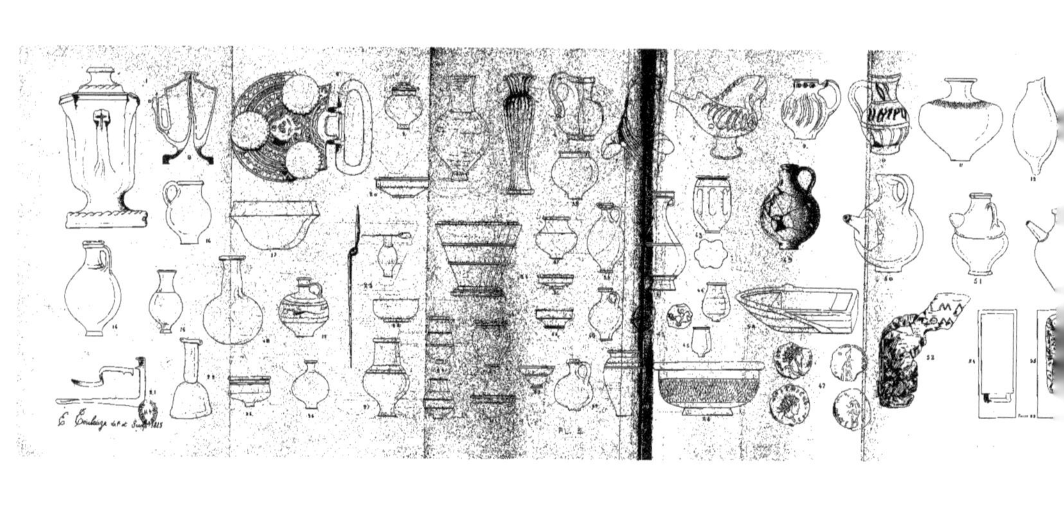

IVLICCI. — 1. R. S. — OFF. CES. — MARCEI·TI· — E. HACINA. — OFF. SAB. — TORNO. — Ce dernier sigillum est imprimé dans une poterie en terre grise, cuite à une haute température, et provient des fouilles de l'ancien couvent des Jacobins. Les autres sont marqués dans des vases en terre rouge.

En voici de la même époque, rencontrés au Val-de-Grâce : SAMILLIM. — L. CAESAE. — ETIK

TAC
TOC

Dans le champ de sépultures de l'Arbalète, je n'ai distingué qu'un sigillum très fruste | VNA |

Quant aux poteries du quartier Saint-Marcel, elles portent rarement la marque de l'atelier d'où elles provinrent.

Fosse n° 16. — Sépulture d'enfant où je fis une trouvaille dont l'importance spéciale mérite que nous reproduisions, à ce sujet, dans le paragraphe suivant, quelques-unes de nos considérations publiées par le journal l'*Union médicale*, sur l'allaitement artificiel à l'époque gallo-romaine. Aussi bien nous aurons terminé notre inventaire nécrologique quand nous aurons dit que, vers la fin des travaux, comme on exécutait une tranchée en bordure de l'avenue des Gobelins, nous recueillîmes une bouteille à long col en verre remarquablement irisé (Voir la figure 22 de la Planche 3).

§ II

L'ALLAITEMENT ARTIFICIEL A L'ÉPOQUE GALLO-ROMAINE

Sans être absolument affirmatif sur l'emploi de ces petites poteries dont je vais parler, je dois déclarer dès maintenant qu'elles ont été trouvées dans des sépultures d'enfants de

6 à 15 mois. Ce fait seul est suffisant, suivant moi, pour faire supposer que ces guttus servaient à l'allaitement artificiel des enfants. Dans toute espèce de sépultures autres que celles des enfants en bas-âge, je n'ai jamais revu d'objets semblables.

Les moyens artificiels de remplacer le sein de la mère ne sont pas d'invention moderne.

La fonction des nourrices remonte à la plus haute antiquité. Chez les Grecs, les femmes riches et même les femmes du peuple se déchargeaient volontiers sur une esclave de ce devoir sacré, je veux parler des soins à donner aux jeunes enfants.

Chez les Germains, au contraire, dans tous les rangs de la société « on laisse les enfants nus, dit Tacite. Ils sont » allaités par leurs mères qui n'ont point au-dessous d'elles » d'autres femmes pour en prendre soin, et c'est ainsi que » se forment ces hommes dont nous admirons la taille et la » vigueur ».

S'il est établi que les anciens se soient servis de la nourrice pour élever leurs enfants, il n'en est pas de même quand il s'agit du biberon.

La logique cependant pourrait m'autoriser à affirmer que l'allaitement artificiel était parfaitement connu à une époque assez reculée, car les guttus que j'ai trouvés appartiennent au temps de la domination romaine.

Ces petits vases ont différentes formes, mais ils possèdent tous un mamelon. Le lecteur en jugera aisément par les figures jointes au texte (Planche 3, figures 50, 51 et 52).

Une fouille faite en bordure du n° 14 de l'avenue des Gobelins, m'en fournit un tout d'abord. Il gisait dans une sépulture d'enfant à même le sol. D'après le squelette bien conservé, cet enfant pouvait avoir l'âge de huit mois. Les dents étaient dans leur alvéole, sauf deux incisives qui avaient dû percer les gencives avant la mort.

A droite de la tête, au-dessus de l'épaule, avait été placé un petit vase en verre très mince, fort irisé et en forme de biberon (Planche 3, figure 52). Il avait de neuf à dix centimètres de hauteur sur sept de large, une ouverture de trois centimètres et une base de deux et demi de diamètre.

A sa partie moyenne on voyait un renflement du verre formant guttus, plus long et moins gros que le mamelon du sein.

Ce vase appartient, il y a presque toute certitude à l'affirmer, aux IVe ou Ve siècles, car une monnaie petit bronze à l'effigie de Constantin le Grand faisait saillie dans les cendres provenant de la décomposition du corps ; et les autres curiosités trouvées sur ce même point appartiennent bien aux siècles précités.

A l'époque où je fis cette trouvaille, la crainte d'avancer une erreur grave, en déclarant que notre guttus devait servir à l'allaitement, me fit remettre à plus tard la publication de ma découverte. Aujourd'hui, après des rencontres réitérées, l'opinion n'est plus douteuse pour nous que ces petits vases étaient destinés à remplacer le sein maternel. Mais qu'à la première découverte notre émotion fut grande en face de cette curieuse sépulture, image de la douleur et de la sollicitude d'une mère, laissant un simple biberon comme le seul mobilier funéraire convenable à son petit enfant !

En avril 1878, dans une fouille exécutée rue Nicolle, on mettait à nu un petit sarcophage en pierre de taille assez grossièrement exécuté, de 0^m96 de longueur sur 0^m53 de largeur. Ne sachant trop ce qu'il pouvait renfermer, nous le dégageâmes avec des précautions infinies de la terre qui l'entourait. Cette opération achevée, nous procédâmes avec la plus minutieuse attention à l'ouverture du couvercle ; un spectacle des plus étranges et des plus imprévus s'offrit à nos **regards**.

Ce sarcophage renfermait les restes d'un petit enfant paraissant âgé de deux ans (l'âge indiqué par un témoin de cette découverte semble exagéré et doit être réduit à 12 ou 15 mois), auprès duquel était placé une sorte d'ampoule en verre d'un travail exquis et d'une beauté merveilleuse. La tête du petit mort se trouvait en partie couverte par une couche de ciment assez épaisse. Après l'avoir délicatement enlevée, quelle ne fut pas notre surprise en constatant que cette couche de ciment avait formé sur la tête une sorte de masque, et avait pu, après dix-huit siècles, nous conserver intact le visage de l'enfant. Peut-être, dans l'opération du scellement de la pierre, cette couche de ciment, restée adhérente à la paroi du couvercle, s'en était détachée pour aller se fixer sur la tête de l'enfant et en recevoir l'empreinte.

Une simple opération de moulage, faite sur place, a suffi pour reproduire exactement la figure de ce petit habitant de Lutèce, mort il y a dix-huit cents ans ; nous avons été témoins de cette découverte, et nous avons pu constater que le guttus trouvé auprès de l'enfant était assez semblable à celui que nous avions découvert à Saint-Marcel, et qu'il possédait une espèce de tube devant remplir la fonction du sein. L'étranglement du col de tous ces vases semble fait pour éviter la déperdition du liquide pendant la succion.

Deux découvertes plus récentes semblent en confirmer l'usage pour l'allaitement et les deux biberons dont nous allons parler ont été trouvés auprès d'enfants de six à dix mois.

Le premier provient du quartier de l'Observatoire et remonte à l'époque gallo-romaine, comme le prouvent des monnaies trouvées au même endroit et portant l'effigie de Claude, de Domitien, de Faustine, de Valérien et de Florien. Il était placé à droite du squelette et touchait l'humérus. Il est composé de terre rouge brique micacée, cuite à une faible température, et faisant effervescence à l'acide nitrique.

Il devait laisser un goût de terre au breuvage qu'il contenait (happant à la langue). Il mesure 0m12 de hauteur sur 0m08 et demi de large, et vers le centre se trouvait le renflement qui devait remplacer le mamelon et dont la longueur était de 0m02 (Planche 3, figure 50). L'ouverture n'avait que 0m02 de diamètre et la base mesurait 0m03. On peut remarquer que l'anse du vase est placée de telle façon qu'étant prise de la main droite le *guttus* se tourne vers la bouche. Sa contenance est de 15 centilitres environ. On sait que la poterie micacée se rencontre assez souvent: j'en ai trouvé beaucoup de spécimens dans le quartier de la Sorbonne (Mons Lucotitius).

Le deuxième a été découvert dans le quartier du Val de Gràce; il est remarquable d'élégance et de finesse (Planche 3, figure 51). Ce guttus est haut de 0m10 et large de 0m08; son orifice mesure 0m02 et sa base 0m03 de diamètre. Le mamelon, de 0m016 de long, est percé d'une ouverture de 0m003. Sa contenance est de 10 centilitres environ. Ce petit vase est en terre rouge, sigillée, assez semblable à la cire à cacheter, d'une très grande finesse et ne faisant pas effervescence à l'acide nitrique. Une monnaie de 0m03 de diamètre à l'effigie d'Adrien fut trouvée tout à côté.

Le musée d'Orléans possède deux petits vases munis, dit M. de Caumont, « d'une tétine ou biberon que l'on croit » avoir servi à l'allaitement des enfants et qui auraient » suivi dans le tombeau le jeune nourrisson à l'usage duquel » ils étaient consacrés » (1). On a trouvé des vases semblables à Gièvres, à Soing et à Bordeaux.

Le 28 juillet 1884, le docteur A. Bordier écrivait dans le journal le *National* les lignes suivantes :

« Les médecins ne cessent de gémir sur les progrès » désastreux que fait dans nos sociétés modernes l'allaitement » artificiel des nouveaux-nés; on accuse la dégénérescence

(1) *Cours d'antiquités monumentales*, p. 255, **Paris, 1831.**

» des mœurs, le relâchement des liens de famille ; et les
» admirateurs du bon vieux temps poussent des gémissements
» sans fin. — Rien n'est cependant neuf, pas même la
» dégénérescence des mœurs et l'oubli des devoirs maternels.
» La société gallo-romaine comptait, comme la nôtre, un
» grand nombre de mères que la coquetterie ou tout autre
» sentiment empêchait de nourrir elles-mêmes leurs enfants.
» M. Toulouze a trouvé récemment dans des fouilles gallo-
» romaines faites dans le quartier de l'Observatoire et du
» Val de Grâce, des sépultures d'enfants : à côté du petit
» squelette se trouvait un petit vase en verre très mince,
» fort irisé, en forme debiberon. . . . .
. . . . .Il n'en est pas moins vrai que
» l'allaitement artificiel, pour être ancien, est une pratique
» dangereuse et que nous devons tout faire pour la combat-
» tre. »

Ne devons-nous pas attribuer à ce mode artificiel la
mortalité effrayante que nous constatons chez les enfants en
bas âge à différentes époques ? Il n'y a pas de doute que ce
genre d'allaitement n'est qu'un sevrage en quelque sorte
anticipé que les médecins repoussent aujourd'hui.

A la suite de la publication de ma découverte des *guttus*
dans l'*Union Médicale*, M. le docteur Allaire, médecin
principal de l'armée, à son tour publia l'article suivant :

« En lisant ce très intéressant feuilleton, j'ai compris
» l'émotion légitime de M. E. Toulouze à l'aspect des
» biberons placés dans les tombes des jeunes enfants gallo-
» romains à Lutèce, car je l'ai éprouvée moi-même dans les
» mêmes conditions en exécutant des fouilles sur le territoire
» de Jonchery (Marne) en août, septembre et octobre 1876.
» — Je croyais ce fait déjà connu alors que j'ai donné à la
» société d'anthropologie, dans la séance du 4 janvier 1877,
» la description de ces sépultures gallo-romaines datant du
» IVe siècle. Je disais alors, à propos de certaines discussions,
» que l'Académie de médecine aurait pu trouver dans ces

» fouilles un argument de plus en faveur de l'alimentation
» exclusivement lactée des nouveaux-nés, témoins les
» biberons en verre et en terre qui se sont rencontrés
» auprès des squelettes des petits enfants, au lieu des
» côtelettes de mouton, des poulets, des lièvres, dont on voit
» les restes osseux sur des plats ou dans des vases pour les
» adultes ou les vieillards. La sollicitude maternelle allait
» encore plus loin, si l'on en juge par la sépulture d'un
» jeune enfant dont le mobilier funéraire ne se composait
» pas seulement d'un biberon. J'y ai trouvé (fouille du 14
» septembre 1876, faite en présence de M. le général Douai),
» à la hauteur de la hanche droite de l'enfant, un biberon
» en terre cuite et un vase de même matière cylindrique
» dont l'ouverture est du même diamètre que la base, en
» outre une boule en poterie avec objet mobile à l'intérieur,
» probablement un jouet d'enfant. Dans une autre (fouille du
» 7 octobre 1876), j'ai recueilli au niveau du bassin d'une
» femme adulte, quelques os et une tête de fœtus ou de
» nouveau-né, non loin de vases micacés et de débris d'un
» vase en verre très épais, que je pensais être un biberon.
» En résumé, je suis heureux que M. E. Toulouze ait eu
» la bonne pensée de divulguer ce point particulier qui est
» très important. J'ajouterai que les aliments placés auprès
» des adultes et des vieillards me paraissent différer, non-
» seulement selon les goûts particuliers du mort, mais aussi
» d'après l'état de santé pendant la vie. Dans certaines
» sépultures, ce ne sont que des amphores, ou des vases à
» libation ; dans d'autres, on ne trouve que des os de
» mammifères sur des plats ; et dans d'autres encore des os
» d'oiseaux, des coquilles d'œufs, etc. »

On sait que les Romains, après avoir été sobres, devinrent
des gastronomes exagérés, aussi les cuisiniers étaient-ils
très recherchés par les personnages opulents. Tous les animaux furent éprouvés de ces gourmets, depuis le loir
jusqu'au sanglier. Ils employèrent aussi tous les assaison-

nements possibles, tels que: la rue, l'assa-fétida, les graines de pavots, les olives, les figues confites de Lybie, le poivre, le vinaigre, le sel, le persil, la menthe, le cumin, l'ail, le sésame, les capres, le fenouil, le cresson, la coriandre, le thym, etc.

Le pauvre vivait de quelques légumes, de farine bouillie, de pois frits, de noix. Aussi les riches gourmets appelaient-ils les malheureux plébéiens mangeurs de pois frits.

J'ai rencontré, comme M. le docteur Allaire, des approvisionnements funéraires dans presque toutes mes fouilles; une sépulture, entre autres, ouverte au collége Sainte-Barbe, contenait des coquilles d'œufs parfaitement conservées et qui étaient placées au flanc droit d'un squelette de l'époque mérovingienne.

Dans mes recherches et découvertes du champ de sépultures du camp antique de Pommiers près Soissons (Aisne), j'ai rencontré dans presque toutes les poteries déposées près des morts, une quantité considérable d'ossements de moutons, de sangliers, de lapins, etc. (Fouilles exécutées en 1880-81).

CHAPITRE VI

QUARTIER DE LA GARE
(XIIIe Arrondissement)

DÉCOUVERTE D'UNE TROUSSE DE MÉDECIN
APPARTENANT AU IIIe SIÈCLE

Déjà nous avons dit un mot du mont Glandiolus, dont le nom, à notre avis, aurait été celui d'un personnage de distinction qui, à l'époque de la domination romaine, habitait présumablement une villa bâtie sur cette éminence. C'est non loin de la mairie du XIIIe arrondissement que j'ai fait la découverte, importante au point de vue archéologique comme au point de vue scientifique, d'une trousse complète de médecin appartenant au IIIe siècle. Elle était enfouie dans une sépulture au bord de l'ancienne voie allant de Lutèce vers les villages d'Ivry et de Vitry.

On sait que les Romains avaient la coutume d'élever les tombeaux de leurs grands hommes sur les côtés mêmes des routes. Il est certain qu'à Paris, pendant leur domination, cette coutume a été observée et que la sépulture dans laquelle la trousse fut trouvée était celle d'un médecin ou d'un chirurgien, qui était peut-être aussi le propriétaire de la villa du mont Glandiolus.

La chirurgie est certainement la sœur aînée de la médecine, car les lésions externes provenant d'accidents de toute nature ont d'abord attiré l'attention de ceux des hommes qui désiraient se consacrer au soulagement de leurs semblables. Cette science était surtout utile avec le régime de guerres et de conquêtes incessantes qui faisait que l'homme avait toujours le glaive à la main. Le bronze fut le premier métal usité pour la fabrication des instruments nécessaires aux opérations de la chirurgie.

Au IIIe de notre ère, bien que le fer se trouvât employé depuis longtemps pour les armes, les outils d'artisans destinés à de rudes travaux ; les bijoux (épingles, bracelets, etc.), les ustensiles de toilette (strigilles, auriscalpium), les instruments de chirurgie étaient en métal plus doux, de conservation facile, ainsi que le prouve la trousse dont nous allons parler.

A la suite d'un article que j'ai publié dans la *Revue Archéologique* du 1er janvier 1882, M. le docteur Dechambre écrivit dans la *Gazette hebdomadaire de médecine et de chirurgie* du 5 mai 1882, à propos d'un étui à collyre égyptien, les lignes suivantes :

« Nous parlions récemment (*Gazette hebdomadaire* n° 13,
» page 218) d'une trousse découverte à Paris par M. Toulouze,
» dans des fouilles pratiquées près de Saint-Marcel. Cette
» trousse renfermait des étuis contenant encore des restes
» de substances médicamenteuses, comme on en a trouvé
» dans des étuis d'oculiste, mais aussi de nombreux
» instruments de chirurgie. La trousse était donc celle, non
» d'un spécialiste mais d'un chirurgien voué à la pratique de
» son art, et les médicaments étaient destinés au pansement
» des plaies, quoiqu'il ne soit pas défendu de conjecturer que
» certains d'entre eux pouvaient servir dans les maladies
» des yeux. »

Un mémoire récemment publié dans la collection des Antiquaires de France (tome XLI, page 163) est consacré à la description d'un étui « à collyre égyptien, qu'on peut voir
» au musée Egyptien du Louvre, et rappelle la plupart des
» étuis de même provenance conservés dans divers musées

» d'Europe. On sait que, en Egypte, dans une très haute
» antiquité, la spécialité de l'oculistique avait déjà sur les
» autres spécialités la prédominance qu'elle n'a pas perdue
» en Grèce et à Rome et qu'elle possède encore parmi nous.
» Plusieurs des cachets d'oculistes romains font mention
» des collyres égyptiaques, et nous avons encore un onguent,
» *l'onguent égyptiac*, qui, s'il est employé comme escharo-
» tique, n'en a pas moins par sa composition (miel,
» vinaigre et acétate de cuivre chauffés ensemble et
» mélangés) beaucoup de rapports avec certains collyres
» indiqués dans les inscriptions des cachets d'oculistes
» romains.

» L'étui décrit par M. l'abbé Thédenas se compose de
» quatre cylindres réunis autour d'un cylindre central ; il
» est en bois de cèdre et haut de cinquante-sept centimètres ;
» l'ensemble des cylindres forme une circonférence de 0^{m}16.
» Sur deux des côtés, en vis-à-vis, est un trou profond
» servant d'un côté à fixer, de l'autre à arrêter un couvercle
» plat qui s'ouvrait en pivotant sur lui-même. Cet étui
» porte quatre inscriptions en caractère hiéroglyphique et
» qui signifient : 1° bon stibium (antimoine) ; 2° bon pour la
» vue ; 3° repousser le sang ; 4° repousser la douleur. Dans
» chacun de ces étuis se trouve un bâtonnet terminé en
» olive et destiné à introduire le collyre dans l'œil.

» Le musée égyptien du Louvre, celui de Leyde, celui de
» Londres, renferment des restes d'autres étuis à collyre
» de formes très variées à un ou plusieurs compartiments ;
» un d'eux, au Louvre, représente la figure grotesque d'un
» dieu égyptien. Ils sont en bois, en albâtre, en cristal de
» roche, en ivoire, en verre coloré, etc. A côté de véritables
» étuis sont des boîtes rectangulaires analogues à celle que
» contenait l'étui de Saint-Marcel ou à celles qu'on voit à
» Pompéi, et qui étaient destinées à conserver les collyres ;
» il en est dans lesquelles on aperçoit des restes de substance
» médicamenteuse. »

Dans la *Gazette hebdomadaire de Médecine* du 13 octobre 1882, un article anonyme a été adressé au rédacteur en chef. J'en extrais le passage suivant :

« Si vous avez, cher confrère, la mémoire du cœur, vous
» vous rappellerez que la Gazette, soucieuse de votre
» agrément, a donné des détails circonstanciés sur une
» trousse de médecin remontant au iiie siècle, trouvée par
» M. Toulouze près des fossés du vieux Saint-Marcel. Cette
» trousse contenait, avec d'assez nombreux instruments,
» cinq petits étuis dorés renfermant des substances médica-
» menteuses, un peu desséchées, comme vous pensez bien.
» On ne pouvait guère se dispenser de rechercher ce que
» contenaient ces petites boîtes à onguents. L'analyse des
» compositions a été faite par notre collaborateur M. Vigier.
» Mais hélas ! les compositions végétales, se jouant du
» chimiste encore plus au commencement de l'ère chrétienne
» qu'aujourd'hui, on n'a rencontré dans celles-là ni digi-
» taline, ni curarine, ni globuline, ni aucune autre substance
» végétale définie, mais seulement une terre insoluble dans
» les acides et donnant de la silice par la potasse, un sel de
» cuivre et une proportion notable de fer. C'est à peu près
» ce qu'a déjà fourni l'analyse de ces bâtonnets d'oculistes
» romains. »

C'est en octobre 1880 que je fis cette bienheureuse découverte dans un terrain d'alluvion rouge, remué et très perméable sur lequel il y avait un remblai de 1ᵐ à 1ᵐ20 d'épaisseur. La disposition et la nature du sol avaient dû provoquer rapidement l'absorption des eaux et contribuer à la conservation merveilleuse de la trousse. Tous les instruments composant la trousse se trouvaient dans un vase circulaire, sorte de *cortina* qui servait probablement à faire bouillir les produits pharmaceutiques du médecin, et composait le mobilier funéraire. J'ai précieusement ramassé tous ces instruments, dont M. Ed. Perrier, le sympathique savant, a parlé en ces termes :

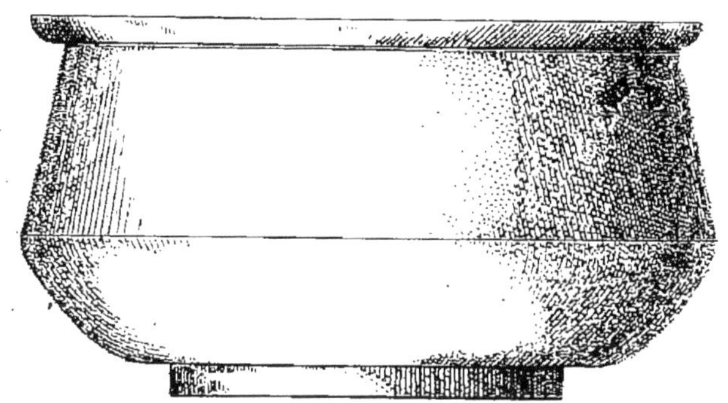

F . 1

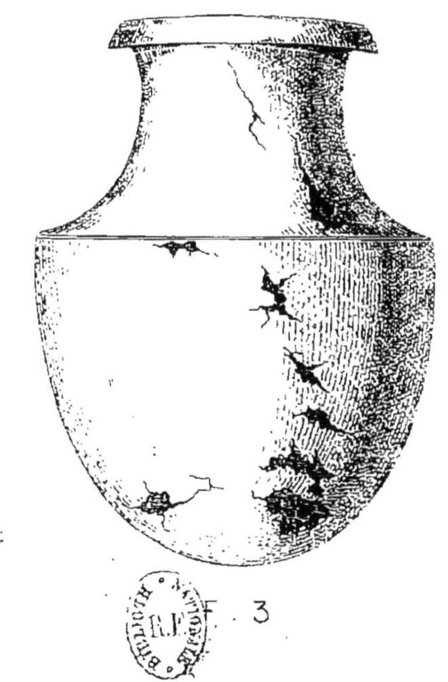

F . 3

« Il y a, dit-on, des docteurs dont la trousse est aujourd'hui
» d'une telle élégance, qu'elle vous donnerait le désir de
» subir des opérations rien que pour la voir. Telle était la
» trousse du médecin romain qui exerçait aux environs de
» Lutèce il y a seize cents ans. J'ai eu le loisir d'examiner
» tous ces outils, ce sont de véritables bijoux. Tous sont en
» bronze, peut-être additionné de beaucoup d'argent. Sous
» la patine verte qui les recouvre, on peut facilement mettre
» à nu le métal, brillant comme de l'or. On fait actuellement
» en bois les manches des couteaux et autres outils; ici,
» tout est d'une seule pièce de bronze, lame et manche, et
» ces manches sont autant de petites merveilles, délicates
» moulures, filets, courbes gracieuses, facettes artistement
» ménagées; rien n'est négligé pour leur donner l'aspect le
» plus élégant. Il serait même impossible, nous disait un
» connaisseur, de faire mieux aujourd'hui, et l'on aurait
» même quelque peine à faire aussi bien. . . . .
» . . . . Les médecins romains tenaient à séduire
» leur clientèle tout comme les médecins actuels, et
» n'épargnaient rien pour rendre aussi supportable que
» possible la perspective des opérations auxquelles ils se
» livraient. »

Dans l'*Union Médicale* du 29 décembre 1881, un docteur
disait enfin : « En tenant compte des difficultés que devait
» rencontrer la fabrication à cette époque, en songeant que
» de nos jours, avec un outillage perfectionné, on ne
» pourrait guère reproduire ces instruments qu'en plusieurs
» pièces, et qu'on ne saurait surpasser leur finesse, on
» admire la patience et l'habileté de l'ouvrier antique. »

Soixante-quinze monnaies romaines, petit bronze, à
l'effigie de l'usurpateur Tétricus Ier et de Tétricus II se
trouvaient mêlées à ces intruments; ce qui me fait croire
qu'ils ont été fabriqués au IIIe siècle et peut-être avant
(Planche 3, figure 47). — Dans le vase de bronze (figure 1)
de 0^m11 de hauteur sur 0^m20 de diamètre, il y avait dix-sept

instruments et cinq étuis en bronze doré ou argenté ayant contenu des onguents, mais moins bien conservés que les instruments. Au fond des étuis se trouvait une composition qui fait penser qu'au temps de Galien et de ses successeurs les électuaires jouaient un grand rôle dans la médecine. Nous devons à M. Dechambre l'analyse des onguents faites par M. Vigier et voilà le résultat des recherches de l'habile chimiste.

Les tubes 1 et 3 contenaient un onguent à base de sel de cuivre, probablement l'acétate (figure 2).

Le tube 4 renfermait un onguent contenant un peu de cuivre, beaucoup de fer et aussi de la silice. C'est un mélange de poudre avec très peu de matières organiques. Le tube 2 ne contenait rien d'appréciable.

Une petite bouilloire (figure 3) de 0ᵐ12 de hauteur dans laquelle se trouvaient encore de petits morceaux d'un tissu assez semblable à de la toile et conservé par l'oxyde de cuivre (peut-être des bandes à pansements).

Opinion de M. le docteur Dechambre : « Ce vase, qui contenait encore quelques morceaux d'un tissu assez semblable à de la toile et que M. Toulouze croit être une bouilloire, servait, quand il était vide, à mettre du linge ou de la charpie ».

Une petite boîte de bronze admirablement argentée figurait au milieu des instruments, elle mesure 0ᵐ083 de long sur 0ᵐ045 de large et 0ᵐ035 de haut. Elle est assez semblable à une tabatière ; toutes les parties qui la composent sont dessoudées, mais il serait facile de la rétablir dans son état premier. Elle devait contenir de l'onguent. Selon l'opinion du docteur Dechambre, cette boîte pouvait aussi contenir des médicaments.

Une petite pierre noire (figure 6) arrondie à sa partie supérieure et de la grosseur d'un châton de bague, devait avoir une destination spéciale. Je laisse à plus autorisé que

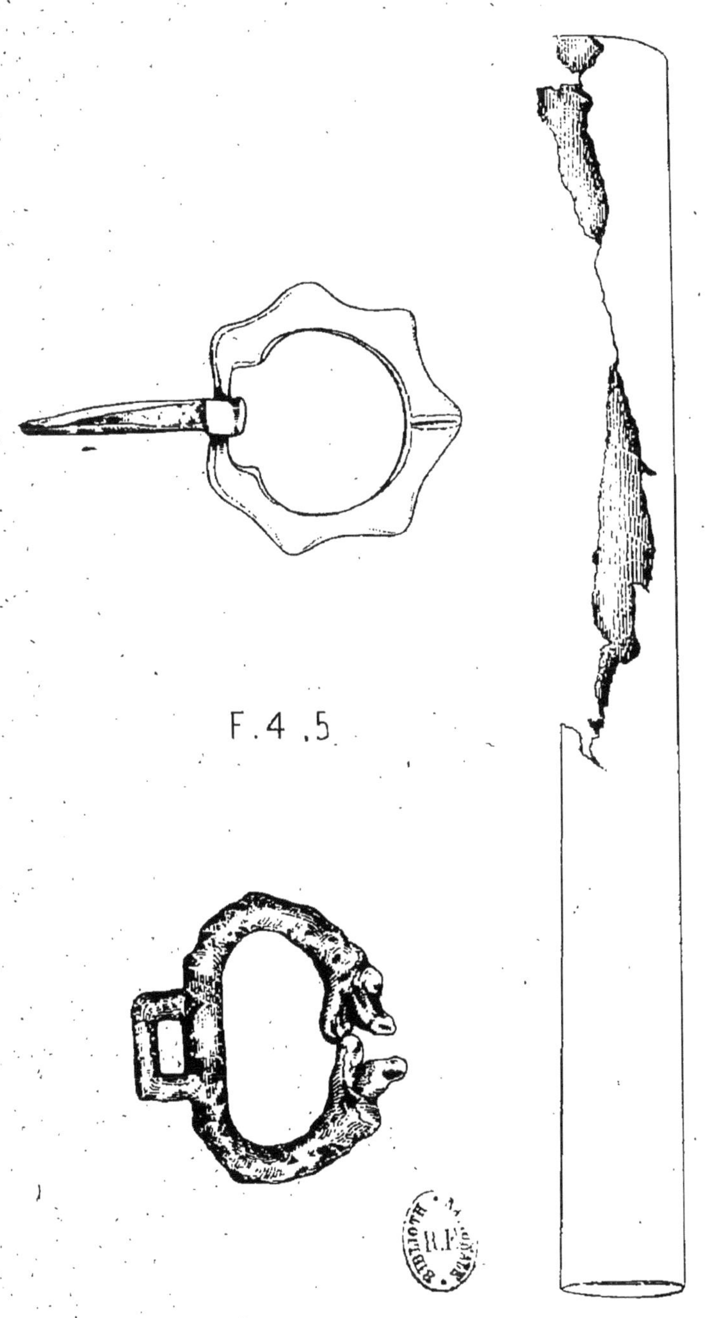

F.4 .5
F.2

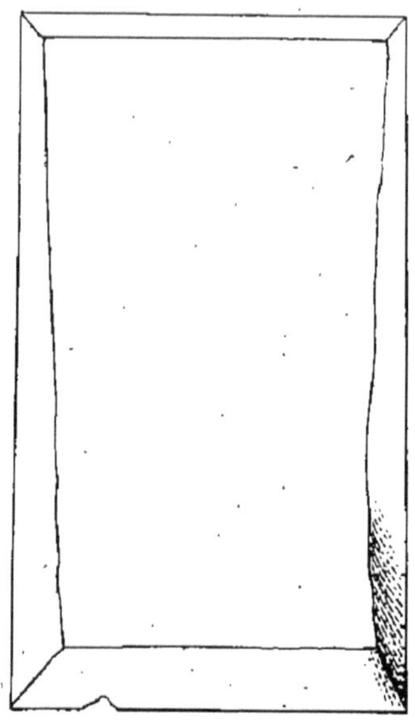

F . 7.

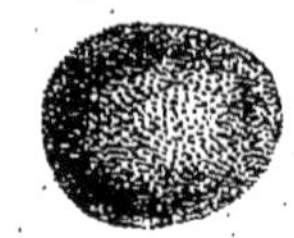

F . G.

TOULOUZE

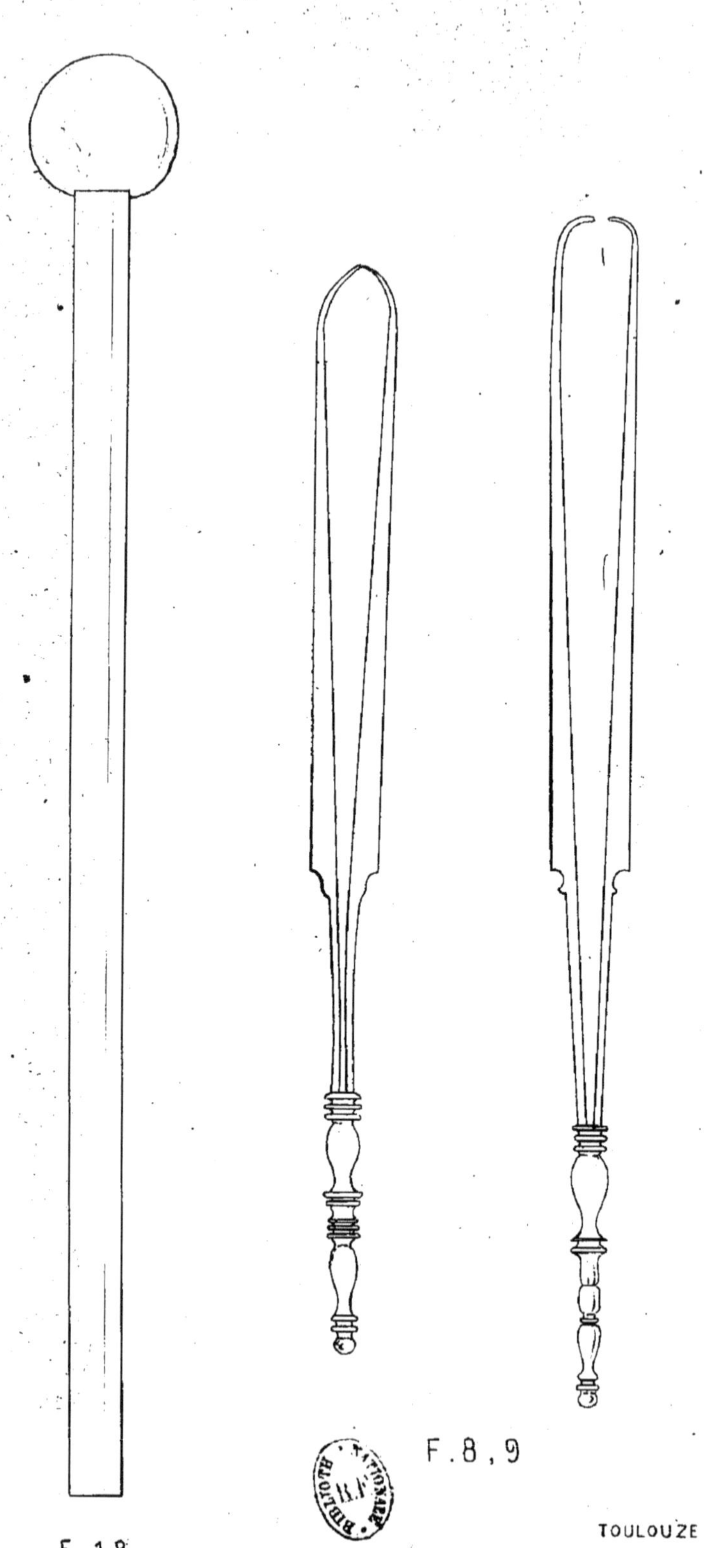

F . 18

F . 8 , 9

TOULOUZE

moi le soin de déterminer l'emploi de cette pierre au iii^e
siècle.

Une plaque, sorte de pierre du levant, taillée en biseau et
de forme rectangulaire, mesurait 0^m13 de long, 0^m08 de large
et 0^m01 d'épaisseur. Elle devait servir à aiguiser les instruments et aussi à mêler les onguents, comme semble le
prouver l'usure d'une de ses parties (figure 7).

Il y avait aussi deux boucles dont l'une (figure 4) était en
bon état et possédait encore l'ardillon qui servait à arrêter
la courroie. L'autre représente un anneau non fermé dont
les deux extrémités sont terminées par deux têtes de reptiles
qui se regardent. Cette dernière boucle est plus oxydée que
l'autre, sans doute parce que le métal qui la compose
contient moins d'argent. Elles étaient destinées à contenir
l'ensemble des instruments composant la trousse, ou bien
à placer une ligature sur le bras pour l'opération de la
saignée (Cette opinion a été partagée par M. le docteur
Dechambre).

Voici la liste des instruments de la trousse. Quelques-uns,
grâce à l'habileté de l'ouvrier, à l'excellence du métal et à
leur forme légère, conservent le même fonctionnement
qu'au lendemain de leur fabrication et leur élasticité
primitive.

1° Cet instrument, ayant la forme d'une petite pelle
légèrement concave (Figure 18), de 0^m018 de diamètre,
montée sur un manche creux de 0^m18, avait, je crois,
l'usage d'insufflateur et servait à faire pénétrer dans les
cavités naturelles les agents médicamenteux déposés
préalablement dans la concavité de la petite pelle. Le
manche creux a été formé avec une plaque de bronze dont
on a soudé les deux côtés de façon à former un tube de
0^m004 de diamètre, à l'aide duquel l'opérateur soufflait pour
projeter les médicaments. Cet instrument porte une trace
apparente de dorure, à laquelle on doit sa conservation.

2° Petite cuillère de forme hémisphérique de 0ᵐ04 de diamètre et munie d'un bec. Elle servait à chauffer les pommades et les onguents ; elle a vers le fond deux trous qui paraissent résulter de son contact avec le feu (Figure 17). Dans l'étranglement du bec et sur les bords de la circonférence intérieure se trouve encore la trace apparente d'un onguent conservé par l'oxyde de cuivre, et qu'il serait possible de recueillir. La longueur totale de cette cuillère est de 0ᵐ17.

3° Cet instrument est représenté par la figure 12 de la Planche.

Dans un article de l'*Union Médicale*, on en a ainsi parlé : « Son rôle est fort difficile à interpréter et n'a rien » d'analogue parmi ceux qui servent actuellement. Il est » long de 0ᵐ20 ; composé de deux branches articulées à la » manière des ciseaux, chacune présente à sa terminaison » une surface formant le quart de la circonférence d'un » ovoïde dont un bord est finement dentelé, pour corres- » pondre à une denture semblable à sa branche opposée. » Lorsque les deux branches sont réunies, elles forment la » moitié d'un ovoïde. Les manches sont ornementés et » lorsque l'instrument est fermé, ils restent encore écartés » d'environ 0ᵐ04. »

L'articulation de cet instrument est plus rapprochée de l'extrémité dentelée que de l'extrémité des manches. Quand il est fermé, on peut l'introduire dans les cavités des plaies, et une fois ouvert, il peut saisir et sectionner les tissus en les écrasant, servant ainsi d'agent hémostatique, et recevoir dans sa concavité la partie détachée. Les deux parties de chaque branche sont d'un seul morceau et le métal est admirablement travaillé. La pointe extrême des manches se termine par une boule olivaire précédée de cercles concentriques qui semblent empilés les uns sur les autres. L'élégance et la finesse des tiges constituant les extrémités manuelles sont parfaites. Enfin, je puis dire que l'état de **conservation de cet instrument ne laisse rien à désirer ; les**

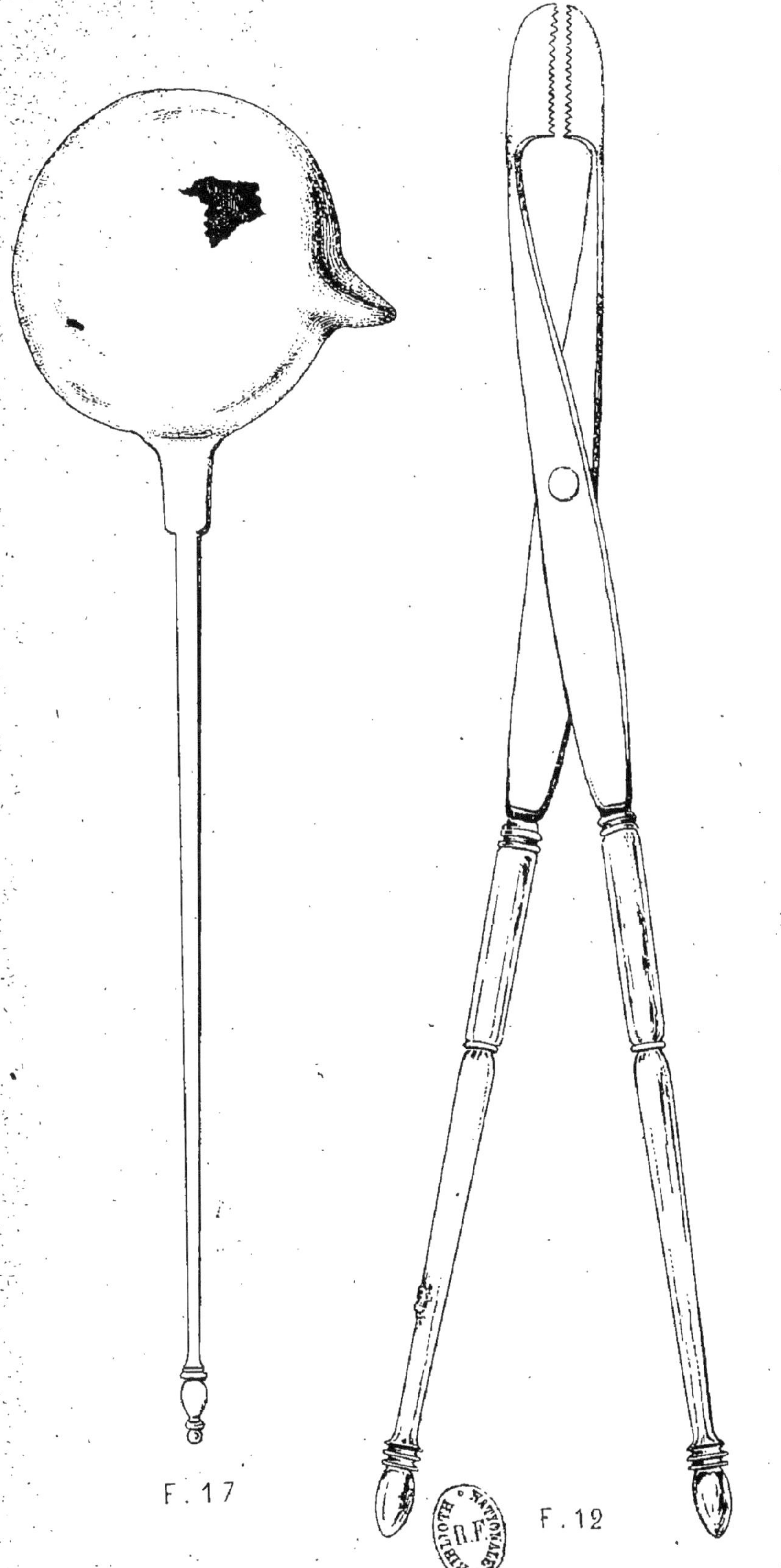

F. 17

F. 12

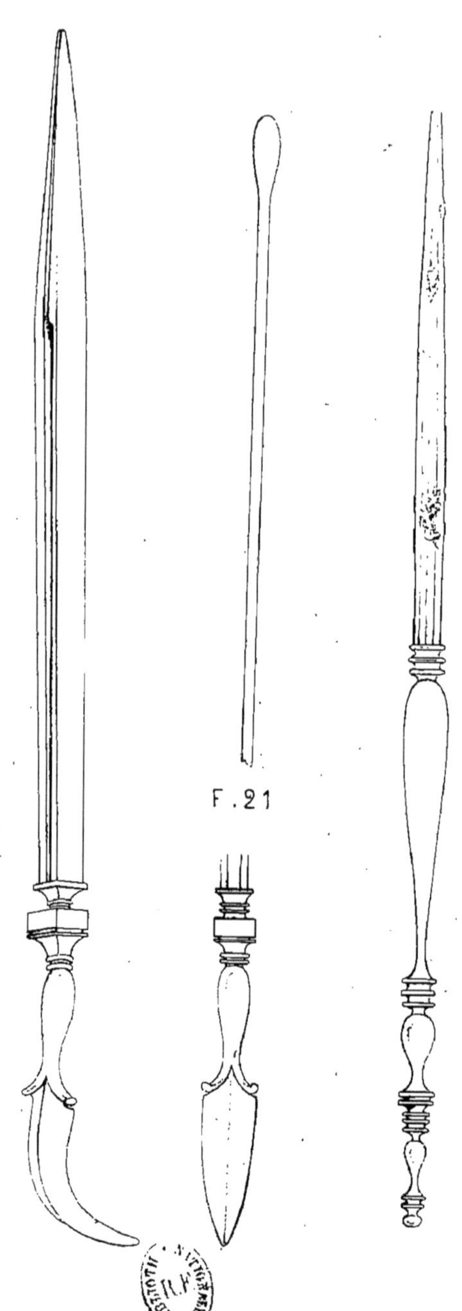

F.21

F.15.16

F.19

parties dentelées saisissent encore les objets, et le rivet, qui réunit les deux branches, fonctionne comme s'il venait de sortir des mains de l'ouvrier. Une partie de la longueur des manches est hexagonale, mais les facettes sont peu accusées.

Le musée de Saint-Germain possède une série de presselles d'un travail délicieux, et dans le style de celles que nous publions ; elles ont été trouvées à Reims, dans la trousse d'un oculiste. Cette dernière ne contient rien de semblable à l'outil que nous venons de décrire et qui est unique.

Le musée de Naples renferme un grand nombre d'instruments de chirurgie (collection des bronzes), mais il ne possède pas une trousse complète comme est celle-ci. Dans la belle publication de MM. Didot (1870), sur Herculanum et Pompéï, je n'ai trouvé rien d'analogue, à moins qu'on ne pense lui comparer une trousse rudimentaire de six instruments (strigiles) enfilés dans un anneau et servant aux baigneurs pour se racler la surface du corps.

4° Les figures 15 et 16 de la Planche représentent un instrument plus remarquable encore que le précédent. M. le docteur Dechambre en a fait ainsi la description :

« Un instrument à double usage formé d'une pince à mors
» unis, droits et allongés, dont le talon porte une sorte de
» crochet en serpette. Cet instrument, d'un seul morceau,
» est fort curieux. La pièce apparaît d'abord comme étant
» le manche du crochet et se termine en pointe comme un
» crayon taillé ; c'est une tige fendue longitudinalement,
» dont les deux branches, faciles à écarter, se rapprochent
» dès qu'on les abandonne à elles-mêmes, en sorte qu'un fil,
» qu'un tissu quelconque introduit dans la fente, y est
» absolument maintenu. Le crochet est une lame épaisse,
» striée sur le bord tranchant en forme de lime, et pourrait
» n'être qu'une lime à ongles. »

Au mois de juillet 1882, le docteur Félix Brémond a publié une notice sur la trousse, et principalement une description importante de cet instrument.

5° Cette pièce (Figure 22) que l'on peut appeler *spatule*, possède un manche fin, terminé à son extrémité par une boule olivaire pouvant remplir l'office d'explorateur et même de petit cautère. Sa longueur totale est de 0^m14 et la spatule mesure 0^m045 sur une largeur moyenne d'un centimètre ; son extrémité est arrondie. La finesse de cette spatule permettait de manipuler les onguents avec plus de soin et de dextérité. Cet instrument, ainsi que les précédents, est fait d'un seul morceau de métal. L'on peut voir des moulures au point de jonction de la spatule et de la partie manuelle.

6° C'est un petit stylet ou poinçon (Figure 19), admirable dans ses proportions. La moitié, du côté de la pointe, présente une forme hexagonale. L'extrémité du manche est décorée de petites rondelles disposées avec goût. C'est un seul morceau de métal d'une longueur de 0^m14. On pourrait peut-être croire qu'il servait au médecin aussi bien dans ses opérations que pour écrire sur ses tablettes.

7° Ces deux pinces à griffes et à mors dentés (figure 10 et 11 de la Planche), taillées d'une seule pièce dans le bronze, semblent avoir conservé leur écartement primitif. Elles étaient sans doute destinées toutes les deux au même emploi, mais elles diffèrent de longueur ; la plus longue mesure 0^m18, et l'autre, qui est mieux conservée, n'en mesure que 0^m15. On peut remarquer les dentelures que dessine le mors dont les pointes aiguës s'adaptent admirablement. Le mors de la plus grande mesure 0^m03 de longueur, celui de l'autre, 0^m02 seulement. Avec ces deux instruments, l'opérateur pouvait extraire les esquilles des plaies et les corps étrangers introduits dans les chairs, pénétrer dans les trajets fistuleux, et même pratiquer des sections. Nous ne hasardons ici, du reste, que de simples hypothèses, laissant à de plus savants, à de plus compétents, le soin d'établir, en techniciens, la détermination précise

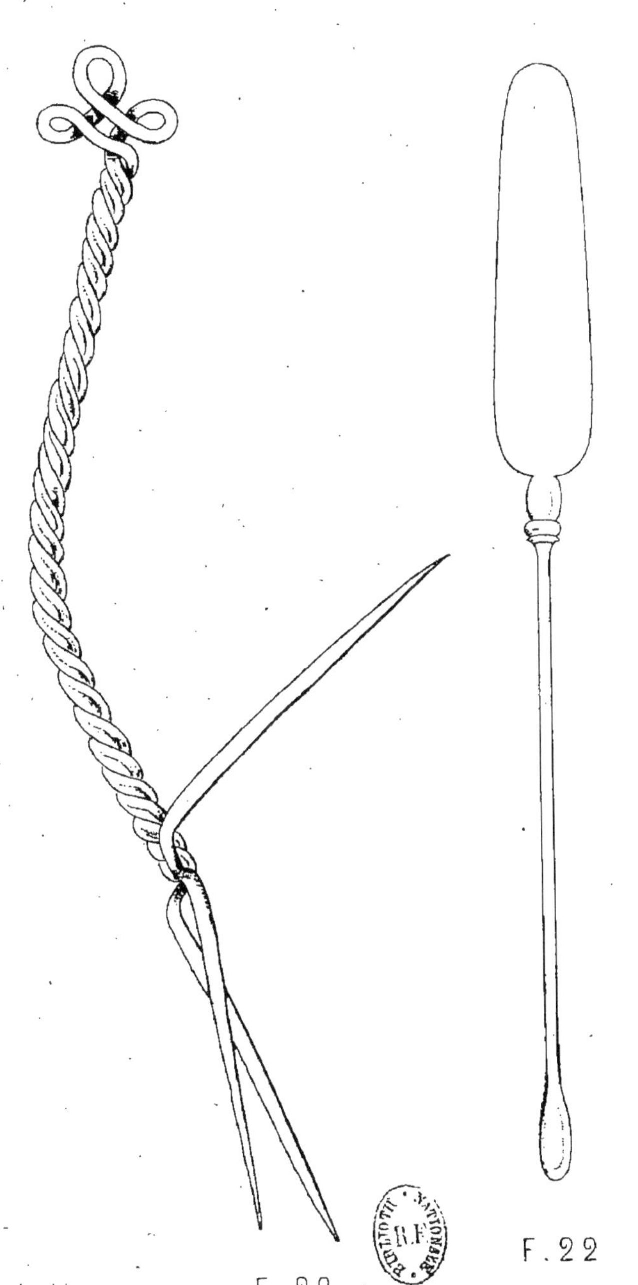

F . 20

F . 22

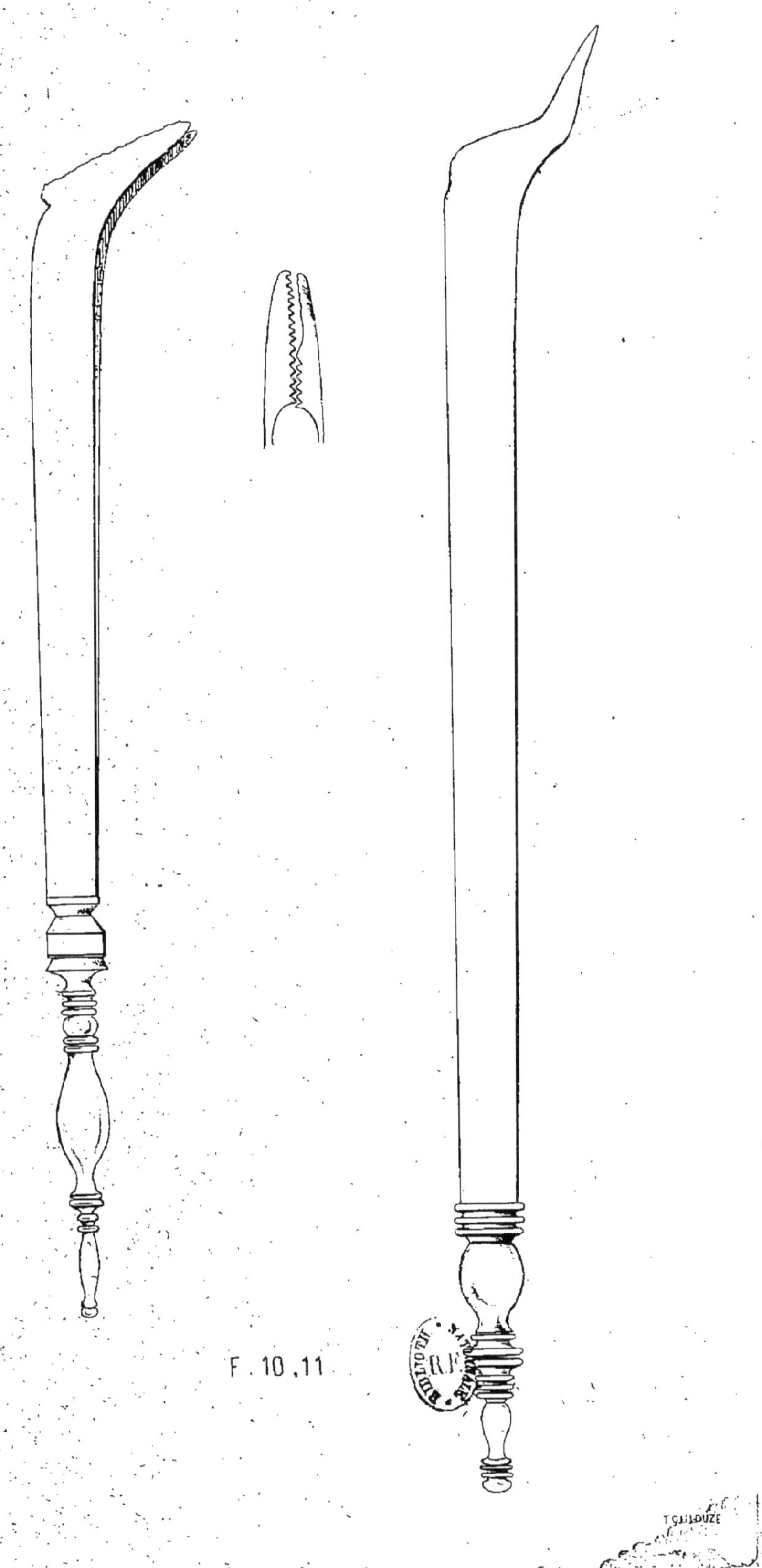

F . 10 . 11

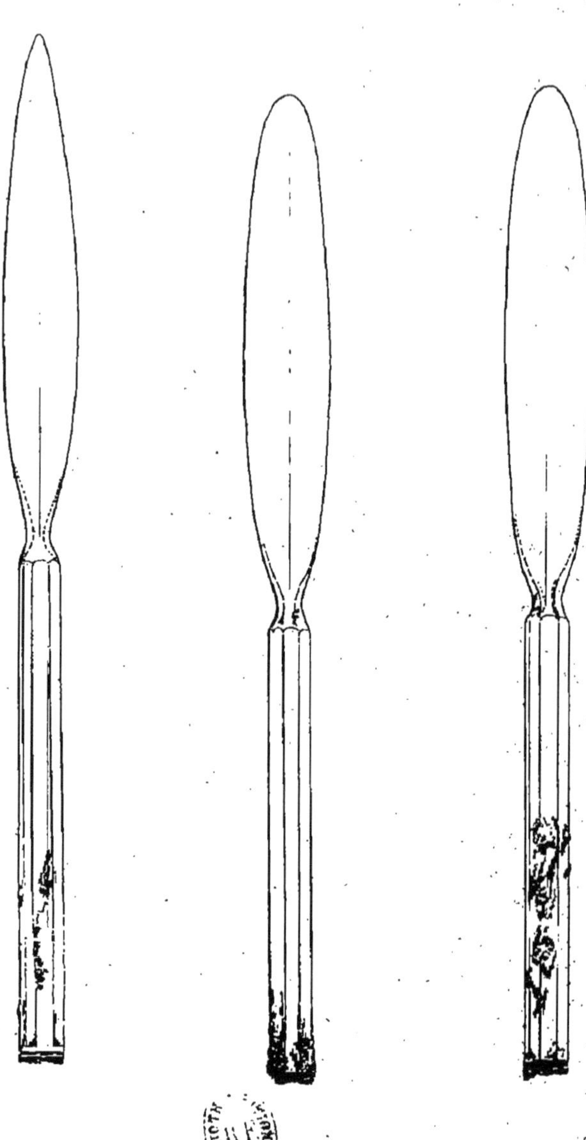

F.23
TOULOUZE

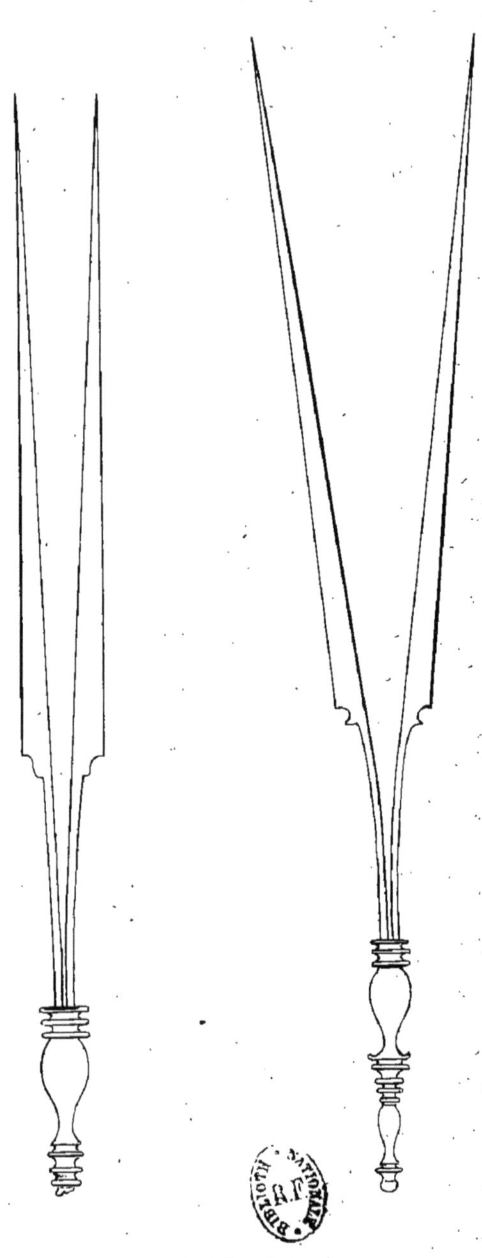

F.13,14
TOULOUZE

des instruments dont nous essayons tout au moins de donner, en artiste fidèle, la ressemblance exacte.

8° Ces deux pinces diffèrent des précédentes par l'écartement de leurs branches (Figures 13 et 14 de la Planche). La première, de 0^m14 de long et d'excellente conservation, se compose de deux tiges qui se terminent en pointe et donţ l'écartement mesure 0^m027. Elle représente volontiers un compas dont les branches s'écartent dès qu'on les abandonne à elles-mêmes après avoir été rapprochées l'une de l'autre. La seconde, semblable à la première, a conservé comme celle-là son élasticité ; mais les branches n'ont qu'un écartement de 0^m009. Les extrémités manuelles de ces deux pinces, dont les pointes arrondies étaient destinées à saisir par un seul point les tissus délicats, sont aussi d'une exécution remarquable.

9° Les figures 8 et 9 de la planche représentent de deux façons cette pince à tiges droites et à mors plats mesurant 0^m14 de longueur. L'écartement des branches près des mors est de 0^m008.

10° Une pince semblable à la précédente, mais à mors dentés. Sa décoration à l'extrémité manuelle présente aussi quelques différences. Elles sont d'ailleurs toutes les deux d'un seul morceau de métal et sont parfaitement conservées.

11° Deux spatules à bords mousses, mesurant 0^m06 de longueur, arrondis et à double tranchant avec un manche hexagonal de même longueur (Figure 23). Elles sont d'une conservation excellente et ressemblent aux couteaux ronds des enfants. Elles devaient servir au mélange des onguents.

12° Ce couteau est presque identique aux spatules dont je viens de parler, seulement il est pointu. On devait s'en servir autrefois comme on se sert aujourd'hui de la lancette. Cet instrument est d'un seul morceau de métal ainsi que les deux précédents (Figure 23).

13° Une sorte de fourchette faite avec trois fils de bronze

tordus l'un sur l'autre, de façon à constituer un manche à l'extrémité duquel ces trois fils s'écartent et forment trident. Une des branches a été faussée et a dévié de sa direction normale (Figure 20).

14° Enfin, le dernier de ces instruments, qui est privé de son extrémité manuelle, est semblable à l'extrémité olivaire de celui dont j'ai parlé au n° 5 et devait avoir le même emploi (Figure 21).

Toutes ces pièces en bronze nu et quelquefois doré ou argenté, constituaient donc la trousse d'un médecin ayant exercé à Lutèce ou dans ses environs vers le iiie siècle.

Nous avons achevé notre imparfaite nomenclature. Au lecteur maintenant de s'en rapporter aux figures qui représentent les objets, dans leur grandeur originale, s'il veut se rendre un meilleur compte de leur forme et de leur emploi. Que nos suppositions soient plus ou moins fondées quant aux détails de l'application, ces instruments, infiniment précieux par leur rareté, n'en forment pas moins un groupe unique, et dont on chercherait en vain l'équivalent, aussi bien dans les grandes collections nationales que dans les collections particulières.

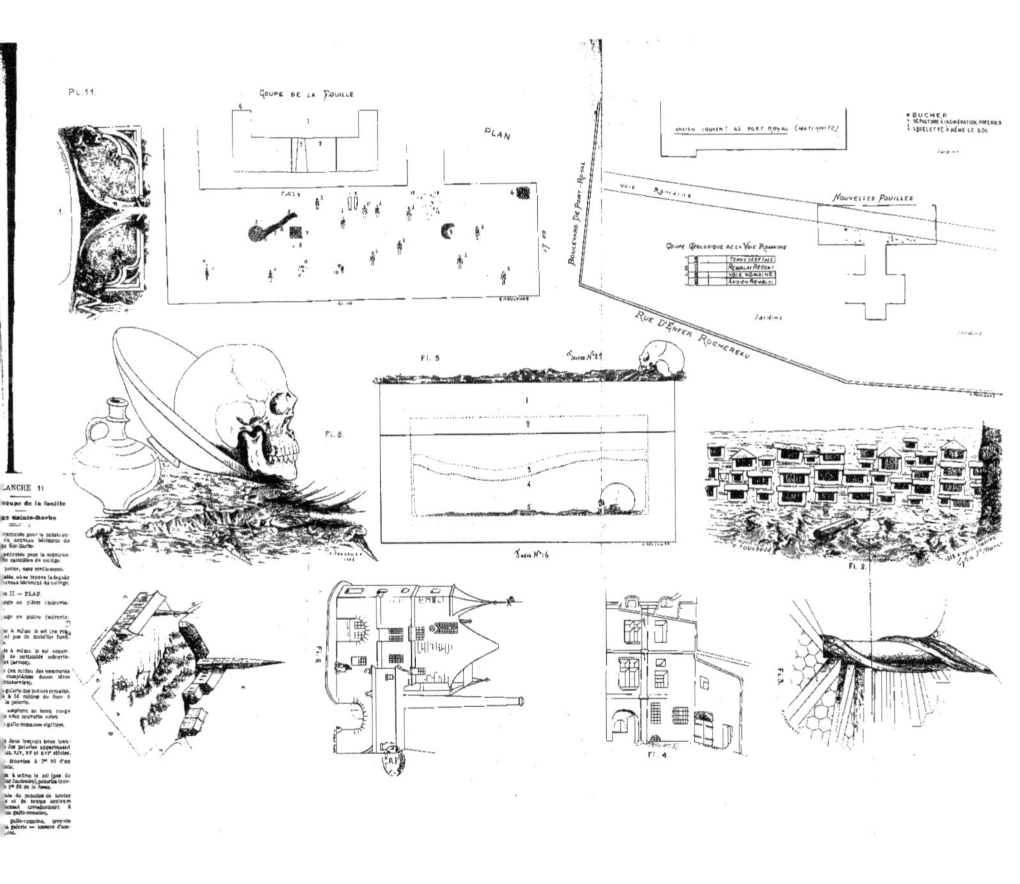
COUPE DE LA FOUILLE
PLAN
ANCIEN COUVENT DE PORT ROYAL (NATIVITÉ)
BOULEVARD DE PORT-ROYAL
VOIE ROMAINE
NOUVELLES FOUILLES
COUPE GÉOLOGIQUE DE LA VOIE ROMAINE
TERRE VÉGÉTALE
REMBLAI RÉCENT
VOIE ROMAINE
ANCIEN REMBLAI
RUE D'ENFER ROCHEREAU
Jardins
BUCHER
SÉPULTURE A INCINÉRATION PREMIÈRE
SQUELETTE A MÊME LE SOL
Fl. 5.
Fl. 8.
Fl. 2.
Fl. 6.
Fl. 4.

CHAPITRE VII.

QUARTIER DE LA SORBONNE

(Montagne Ste-Geneviève)

FOUILLES DU COLLÉGE SAINTE-BARBE (rue Valette).

A l'époque gallo-romaine, la butte Sainte-Geneviève était occupée par des fabricants de poteries et de verreries, et son sol ne renfermait pas de sépultures. Ce n'est que plus tard, ainsi qu'on a pu le constater par la découverte de sarcophages postérieurs à l'époque gallo-romaine, qu'il y eut des inhumations au sommet de la butte où se dressent aujourd'hui le Panthéon, le collége Sainte-Barbe, Saint-Etienne du Mont, etc. Le champ de sépultures gallo-romain s'étendait plutôt aux environs du Val-de-Grâce et de la Maternité.

Une opinion s'est élevée, soutenant que les sépultures trouvées au collége Sainte-Barbe étaient antérieures à l'époque mérovingienne, à cause des vases gallo-romains trouvés dans les fouilles. Mais, d'après nous, les poteries découvertes là ne sont que les rebuts de la fabrication qui s'y faisait ou bien servaient aux usages des ouvriers mineurs travaillant dans des galeries souterraines pour extraire la terre nécessaire à cette fabrication même ; elles ne font donc pas partie d'un mobilier funéraire.

D'ailleurs, la découverte de verreries d'un type particulier et de sarcophages en plâtre portant une décoration chrétienne, semble indiquer, avec le monogramme du Christ et un scramasaxe en fer, que le terrain occupé aujourd'hui par le collége Sainte-Barbe ne fut consacré aux sépultures qu'à l'époque mérovingienne ou à une époque postérieure.

(Figure 1)

Ampulla mérovingienne, fouille du collége Ste-Barbe
(Dessin à la plume).

En cela, nous sommes d'accord avec tous les sérieux chercheurs.

La céramique trouvée dans l'ancien remblai et dans les anciens puits ou galeries ne laisse aucun doute sur l'époque de la fabrication. Ces poteries en terre rouge brique sont couvertes d'un bel émail noir, et rappellent les beaux produits de l'époque gallo-romaine pendant laquelle l'art de la décoration s'alliait à la préparation excellente de la terre et aussi à la forme des objets même d'un usage journalier, coupes, amphores, onochoées, écuelles de toutes les espèces bien connues des archéologues actifs qui ont remué le sol de la rive gauche. Dans les sarcophages qu'on a rencontrés à cet endroit, on n'a trouvé que des verreries dont la décoration et la forme révélaient une fabrication d'époque de décadence (Planche 3, figure 13 et figure 1 de la page 8, texte). Ces sarcophages, que les injures du temps avaient épargnés, étaient presque tous en plâtre épais de 0^{m}05 ; ils mesuraient généralement une longueur de 2^{m}00 et une largeur de 0^{m}50 à la tête et de 0^{m}20 aux pieds.

Dans le sarcophage portant le n° 1 du plan de la Planche 11, je trouvai un lacrymatoire ou ampulla en verre fort irisé qui était en très bon état de conservation (Figure 1).

Des monnaies romaines portant l'effigie des empereurs Quintillus, frère de Claude II, Constance, Constantin et Gratianus sortirent de ces fouilles.

Lorsqu'en 1757 on commença à travailler aux fondations du Panthéon, on découvrit, suivant Dulaure, plusieurs puits à potier sans revêtement creusés pour extraire des terres propres à la fabrication de la poterie. Quelques-uns de ces puits mesuraient une profondeur de soixante-quinze pieds.

J'ai fait la découverte d'un puits semblable à l'endroit où a été établi le calorifère du nouveau bâtiment du collége Sainte-Barbe.

Ce puits avait un diamètre de 1^{m}20 au niveau de l'ancien sol après avoir creusé une tranchée de 6^{m}00 au-dessous du niveau actuel de la rue Valette. Son diamètre au fond ne mesurait pas moins de 1^{m}55 (Planche 11, coupe de la fouille n° 3).

Il traversait une couche de terre végétale de..... 0^{m}55
Sable rouge grossier mêlé de silex.............. 0 70
Sable verdâtre................................ 1 30
Sable jaune foncé............................ 1 35
Sable jaune propre à la fabrication de la poterie.. 2 10

Total de la fouille............. 6 00

Une galerie se dirigeant vers le nord et mesurant 7^{m}00 de longueur s'ouvrait au fond du puits et traversait une couche de terre de 2^{m}00 d'épaisseur environ propre à la fabrication de la poterie (Voir la Planche 11, coupe et plan). A l'entrée de cette galerie m'apparut un beau vase en terre rouge brique, recouvert d'un vernis noir, appartenant à la belle époque gallo-romaine (Planche 3, figure 11). Ce vase, d'une belle finesse d'exécution, mesure 0^{m}25 de hauteur sur

0^m22 de diamètre près du col qui ne mesure pas moins, dans la partie la plus large de son évasement, de 0^m10 de diamètre.

La base présente 0^m07 de diamètre. Cette belle poterie, unique dans son genre, fait, ainsi que toutes les curiosités recueillies sur ce point, partie de notre collection.

ÉPOQUE GALLO-ROMAINE

Fouilles du collége Sainte-Barbe

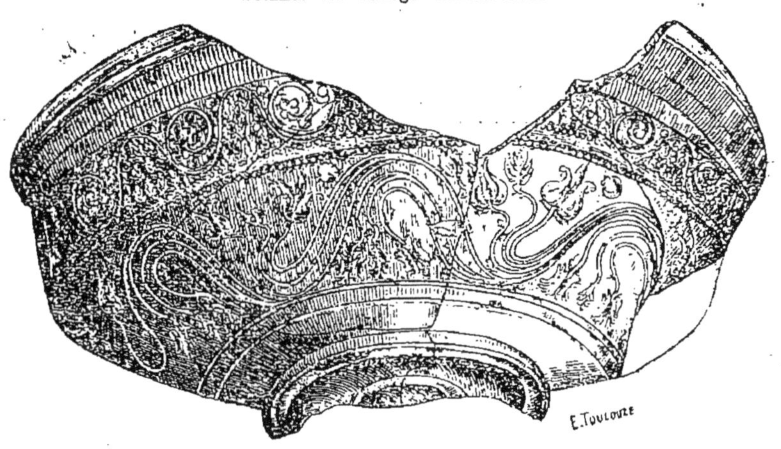

(Figure 2)

Poterie sigillée
(Dessin à la plume).

Tout près de ce vase, je ramassai la moitié d'une meule de moulin à bras, et une grande quantité de fragments de poteries rouge ornées de bas-reliefs remarquables, ce qui ferait supposer que cette galerie avait été convertie en magasin ou dépôt. Une coupe, décorée de feuillage, ayant 0^m27 de diamètre et 0^m06 de hauteur, fut malheureusement brisée par suite de la chute d'une grosse pierre dans la fouille. Je rencontrai aussi les deux tiers d'un vase richement décoré de feuillage et de rinceaux et portant le sigillum. Il ressemblait à un saladier à bords légèrement évasés (Figure 2). Enfin, dans cette galerie étaient éparses quelques monnaies de bronze à l'effigie de Trajan, d'Antonin et de Claude.

Dans le terrain sur lequel est bâti le nouveau collége Sainte-Barbe, j'ai trouvé quelques sépultures à même le sol ainsi que des sarcophages en plâtre. Rue Descartes, j'en découvris quatre de 2^m00 à 2^m50 de long ; l'un d'eux possédait un sifflet creusé dans un andouiller de cerf (Planche 14, figure 3).

Rue Lacépède, je trouvai le 2 novembre 1881 un autre sarcophage dont le plâtre avait 0^m09 d'épaisseur. Sa longueur totale était de 2^m10, et sa largeur extérieure mesurait 0^m50 aux épaules et 0^m40 aux pieds. Il contenait deux squelettes dont les ossements étaient en mauvais état de conservation sauf les têtes dont les os étaient cependant brisés par morceaux. Une monnaie de naulage très bien conservée fut tirée du sable ; elle était à l'effigie de Néron.

Des sépultures appartenant probablement à la même époque furent mises à ciel découvert, lors de la construction des égoûts dans la rue des Fossés St-Victor. Il y en avait douze. Dans les petits sarcophages d'enfants, à l'entrée de la rue Neuve Saint-Etienne, les ouvriers ont ramassé des monnaies à l'effigie de Constant et de Gratien. Place de l'Estrapade, trois sarcophages, aussi de l'époque mérovingienne. Rue Clovis, sous le bordage du trottoir, je reconnus à même le sol un squelette d'enfant de 8 à 10 ans. D'autres sarcophages recueillis à cet endroit appartiennent certainement à cette époque, comme on peut le constater par les ornements extérieurs du plâtre qui consistaient en une rosace à cinq feuilles entourée d'un double cercle. Au milieu de ces rosaces on voyait des petits trous faits sans doute à l'aide d'un instrument triangulaire qui devait ressembler au burin du graveur en taille douce. Certains fragments de plâtre portaient des disques fracturés depuis longtemps comme l'indiquait la cassure, qui était recouverte d'une patine terreuse.

Dulaure pense que toutes ces sépultures appartiennent à

une époque postérieure à l'occupation romaine. Son opinion est la nôtre.

Le terrain sur lequel s'élève le collége Sainte-Barbe, le long de la rue Valette, renfermait des sépultures à même le sol (Planche 11, figures 3, voir le plan), ainsi que des sarcophages en plâtre d'une belle conservation (Planche 11, figures 1 et 2, voir le plan). Les ossements étaient mal conservés par suite de leur contact avec le plâtre, sauf les humérus, les tibias et les fémurs qui avaient en général échappé à l'action de l'humidité. Comme dans toutes mes fouilles, j'ai observé que les squelettes des sépultures à même le sol étaient en meilleur état de conservation que ceux des cercueils en plâtre. Dans un sarcophage décoré de cercles en relief (Planche 11, figure 2 du plan), j'ai trouvé à droite de la tête une belle *ampulla* ou bouteille en verre bien conservée. Deux petites anses se rattachent au goulot et à la partie arrondie de ce vase dont l'un des côtés était concave et l'autre convexe. Le verre, de teinte vert-métis, ressemble comme ton à la belle verrerie gallo-romaine du musée de Cluny (Voir la figure placée à la page 8 dans le texte). Deux monnaies de naulage (petit bronze), portant l'effigie de Marcus-Amelius-Claudius Quintillus, qui régna dix-sept jours , se trouvaient à côté d'une autre à l'effigie d'Arcadius. Dans un second sarcophage en plâtre j'ai trouvé, à côté d'un squelette en mauvais état de conservation, un petit guttus en verre, carré de forme, avec ouverture arrondie (Planche 3, figure 13). Deux monnaies romaines (petit bronze), portant l'effigie d'Honorius et de Marcianus, avaient dû être placées dans la bouche ou sur les yeux du mort où elles furent ramassées au milieu des cendres de la tête. A côté de ces deux sarcophages, douze squelettes (Voir le plan, figures 3, Planche 11) furent rencontrés sur l'étendue de la fouille.

Dans une sépulture à même le sol, gisait un squelette complet et intact. Un *scramasaxe* reposait sur l'iliaque gauche en travers du fémur. Cette arme, parfaitement conservée, pèse environ un kilogramme et mesure 0^m78 de longueur totale. La poignée a 0^m15 et demi de long. La lame est large de 0^m04; elle est à gorge et deux traits, suivant longitudinalement le dos et le tranchant, sont incrustés dans le métal. On voit encore la trace du bois formant poignée.

A l'angle nord de la fouille qui nous occupe, à droite de la rue d'Ecosse et à 6 mètres au-dessous du niveau de la rue Valette, j'ai découvert un ossuaire qui contenait les ossements de douze squelettes environ (Voir le plan, Planche 11 n° 4). Il y a lieu de penser que ces ossements avaient été recueillis et réunis lors de la construction des vieilles maisons qui ont été démolies pour la construction du collége Sainte-Barbe et qui devaient remonter aux XIIIe ou XIVe siècles, si j'en crois quelques types de poteries parisiennes trouvés dans des puisards (Voir le plan, Planche 11) faisant partie de ces constructions et assez semblables à ceux rencontrés à Saint-Marcel.

Une deuxième fouille que je fis dans le terrain occupé par le bâtiment nord du collége, rue Charretière, n° 13, fut aussi fructueuse. A l'angle nord de ce bâtiment, à une profondeur de 5^m10 du sol actuel et à 0^m60 seulement, en creusant le sol ancien, un de mes ouvriers découvrit 23 monnaies romaines dans un tesson de coupe en terre sigillée, et cachées sous de grosses pierres et des briques romaines.

Voici l'inventaire de ces monnaies de bronze :

2 à l'effigie de Claudius
2 » de Nero
1 » de Vespasianus
1 » de Domitianus
3 » d'Adrianus
1 » de Faustina (la jeune)
1 » de Victorinus

1 à l'effigie de Probus

3 » de Lucilla Augusta, femme de Lucius Verus.

6 dont l'effigie ne put être constatée.

Occasionnellement nous fut suggérée une importante remarque : deux des monnaies à l'effigie d'Adrien étaient frappées avec le même coin, ce qui est très rare.

A cette époque les coins ne paraissent pas avoir été fabriqués en métal bien trempé et, ce qui vient affermir mon opinion, c'est qu'il est, en effet, excessivement rare de rencontrer deux monnaies frappées avec le même coin.

On sait que les monnaies étaient frappées et très souvent coulées : ce dernier mode de fabrication a été constaté par la découverte de moules en terre cuite ; du reste, il est possible au connaisseur, et cela très facilement, de reconnaître le genre de fabrication employé pour la confection de ces pièces de monnaies.

Malgré cette multiplicité de coins gravés par le Signatore, nous admirons la ressemblance extraordinaire des figures entre elles et le talent remarquable de ces artistes graveurs qui appartenaient à la classe des esclaves, et faisaient partie d'un corps appelé *familia monetalis*.

J'ai trouvé dans une fouille, faite à quelques mètres d'un four à potier dont il va être dit quelques mots, des restes de murs enduits d'un mortier ou ciment d'une grande finesse sur lequel avait été étendue une peinture rouge décorée de filets et de grecques de couleur jaune. Ces peintures décoratives, qui appartenaient à l'époque gallo-romaine, étaient bien conservées.

Dans la fouille pratiquée en bordure de la rue Charretière et à peu de distance de la rue de Reims, j'ai rencontré trois étages de caves voûtées construites en moëllons. La date de leur construction est restée indéterminée.

Je crois cependant qu'elles remontent au moyen âge. Au-dessous de ces caves, se trouvaient, dans une chambre de

PLANCHE 13
Figure 4

Four à potier

1 — [...] pour chauffer le four et cuisant le vase A.
2 — Mur de séparation entre les 9 fours, suite de travaux couvrant le four où cuisait le poterie.
3 — Four à cuire les poteries
4 — Meules en briques.
5 — Niveau du sol ancien.

— Figure 5 —

— Coupe A B —

6 Vousseau à chauffer le four où cuisait la poterie.
7 Cheminée par laquelle s'échappait la fumée produite par la combustion chauffant le four.
8 Four où cuisait les poteries.

Figure 6 —

Plan

9 Tranchée contenant le four où cuisaient les deux potteries.
10 Cheminée contenant la fumée au niveau du sol ancien.
11 Vantouses.
12 Meules portant un niveau du sol et sur lequel sont dans l'atelier modern[...]
13 Emplacement où on cuisait la poterie chauffant le four et cuisant la poterie.

3ᵐ00 de long sur 2ᵐ72 de large, deux fours construits en briques de 0ᵐ04 d'épaisseur. Ces fours mesuraient 3ᵐ00 de profondeur sur 1ᵐ20 de largeur et les angles du fond étaient arrondis (Planche 15, voir les trois figures 3, 4 et 5 : élévation, coupe et plan). Malgré le mauvais état de conservation dans lequel étaient ces constructions, il fut possible de reconnaître une maçonnerie disposée pour la cuisson de la céramique. Effectivement, ces sortes de fours paraissent avoir été construits pour recevoir du combustible, et la chaleur recueillie par des tuyaux en terre montait dans la chambre supérieure où se trouvaient les vases qu'on y avait disposés pour être cuits. Ces tuyaux, conducteurs de la chaleur, qui mesuraient à peine 0ᵐ35 de hauteur sur 0ᵐ10 de diamètre, avaient à peine 0ᵐ012 d'épaisseur. Derrière les fours et la chambre destinée à recevoir soit les vases soumis à la cuisson, soit des matières vitrifiables, s'élevait un tuyau unique, pensons-nous, qui devait servir à laisser échapper la fumée produite par le combustible. On accédait par un escalier (figure 3) en brique à cette pièce qui devait constituer l'atelier du fabricant de poteries ou de verrerie (Voir les figures).

Parmi les fragments de toutes sortes qui étaient éparpillés là, nous recueillîmes des objets en verre incolore ou même teinté. D'autres fragments, avec leur coloration en rouge vif, en vert-métis et en violet, peuvent donner une idée assez juste des connaissances avancées de l'ouvrier verrier à l'époque gallo-romaine dans le nuancement des teintes.

Un fragment de vase en verre opaque d'une extrême finesse et d'un beau rouge se remarquait aussi à côté de ces fragments. C'est certainement pendant l'occupation romaine que l'art du verrier se répandit dans les Gaules : la preuve en serait déjà fournie par la seule ressemblance des vases en verre trouvés dans les fouilles de nos régions avec les vases rencontrés en Italie. Au Iᵉʳ siècle de notre ère, les Romains s'étaient rendus habiles dans l'art de fondre, de souffler et de mouler le verre. Cette industrie chez eux grandit même très rapidement, car les premiers empereurs firent venir des verriers d'Egypte et de Phénicie pour imprimer un développement plus considérable à la verrerie romaine. La Gaule, si voisine de l'Italie, ne pouvait manquer d'avoir également ses verriers, et sans doute, leur industrie ne le cédait en rien à celle des ouvriers de Rome, s'il est vrai qu'un grand nombre de ces derniers avaient suivi les armées romaines sur le parcours de leur conquête, apportant avec eux leur expérience et leurs procédés.

Dans les ruines de ces fours dont il vient d'être parlé, je trouvai un vase en verre métis dont la base formait un carré de 0^{m}08 de côté et portait à l'extérieur l'empreinte de cercles concentriques. La matière vitrifiable trop faible peut-être ou soumise à une température trop élevée, s'était affaissée sous son propre poids. Au milieu de ce vase, il y avait une anse de 0^{m}04 de largeur; et à l'extérieur il était facile de discerner des gouttelettes de verre arrêtées au moment de la vitrification par suite sans doute d'un abaissement trop prompt de la température.

Dans un puits sans revêtements, un sondage fut fait, qui produisit la découverte de fragments de poteries gallo-romaines parmi lesquelles une amphore de proportions remarquables, qui fut trouvée à 18 ou 20 mètres de profondeur. Cette amphore (Planche 3, fig. 12) mesure 0^{m}70 de hauteur et 0^{m}32 de diamètre à sa partie la plus large. Le diamètre du col dont les bords étaient brisés était de 0^{m}08.

En énumérant ces divers objets, nous ne pouvons nous empêcher d'exprimer le regret que les travaux de fondations du collége Sainte-Barbe n'aient pas nécessité de creusement à une plus grande profondeur dans ce terrain si riche de dépouilles abandonnées. Que de souvenirs encore de l'époque gallo-romaine eussent été arrachés aux entrailles de la terre !

C'est ici le lieu de faire connaître au lecteur la découverte, obtenue dans des travaux personnels du collége, de deux

PL.14.

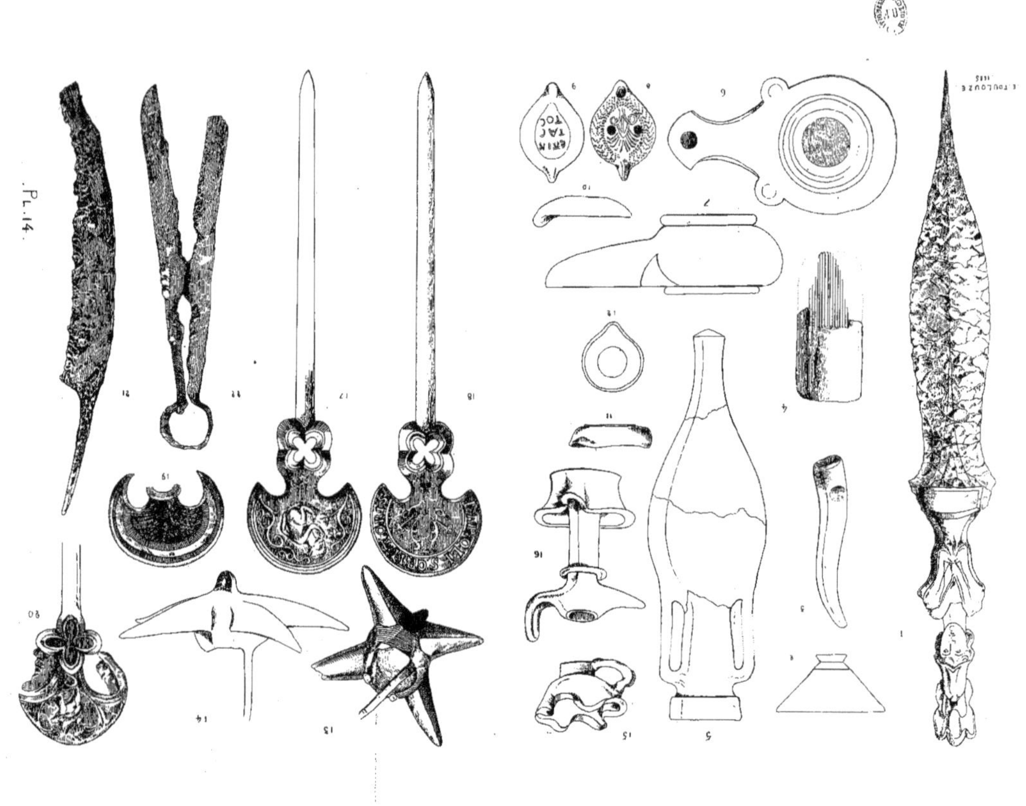

sortes d'objets d'origine beaucoup moins ancienne que les poteries dont il vient d'être question. Je veux parler : 1° du *scriptoris*, sorte de stylet en plomb appartenant aux xiiie et xive siècles ; 2° des pipes qui remontent à Louis XIV.

Le *scriptoris* est un stylet en plomb de forme demi-lunaire (Planche 14, figures 17, 18, 19 et 20). L'un de ces instruments porte entre deux lignes courbes l'inscription suivante : KAROLI SCRIPTORIS, et est décoré, au milieu, de rinceaux très gracieux. L'extrémité inférieure est reliée au fût par un nœud à jour à quatre feuilles. Au revers, ce *scriptoris* présente dans le champ une fantaisie assez familière à la décoration, en cette époque. Elle représente un singe accroupi qui porte à sa bouche un fruit avec sa main gauche et qui semble se gratter de la main droite. L'animal est enveloppé aussi de rinceaux. Le susdit singe figure l'enseigne du fabricant, ou c'est une fantaisie de l'ouvrier.

Ce *scriptoris*, dont la partie supérieure est bien conservée, est moins ancien que d'autres également trouvés par nous et qui appartiennent aux xiiie et xive siècles. Ceux-ci, en grand nombre, portent dans le champ une figure de saint. Saint Nicolas, entre autres, s'y voit souvent représenté comme le patron des enfants et des écoliers, dont cet instrument était le serviteur indispensable. Enfin, deux autres *scriptoris*, malheureusement très frustes, sont décorés de rinceaux et d'un trèfle à quatre feuilles reliant la partie avec laquelle on écrivait avec l'autre extrémité. Dans le champ de la figure 20 de la Planche 14 se voit un écureuil qui se dispose à croquer un fruit.

Ce petit animal servait souvent d'enseigne et figurait quelquefois sur des méreaux ou jetons de plomb, ainsi que l'indique la figure placée dans le texte.

(XVe SIÈCLE)

22

La pipe, qui avait au xviie siècle des dimensions fort exiguës, n'est devenue d'un usage général dans les armées que sous la Révolution et l'Empire, époque à laquelle il lui fut donné des dimensions plus considérables qui devinrent même exagérées dans la pipe allemande. Sous Louis XIV et Louis XV, le tuyau et le fourneau des pipes portaient souvent des décorations de goût, et sur le petit bouton qui se trouve au-dessous de ce fourneau au point de jonction avec le tuyau, se trouvait la marque du fabricant, soit une fleur, soit une lettre, soit une couronne royale. La gravure représente une pipe dont le tuyau est fleurdelisé (Planche 12, figure 15). Elle appartient au règne de Louis XIV, incontestablement, car on en a trouvé de tout à fait semblables près des squelettes des soldats morts sur les champs de bataille à cette époque ; par exemple, sur le terrain qui fut le théâtre de la bataille des Dunes, en 1658.

Enfin, dans les fouilles du collége Sainte-Barbe, je fis la découverte d'une lampe de suspension en bronze à quatre becs. Cette lampe, de proportions gracieuses et couverte d'une belle patine, doit remonter au xiiie siècle, si j'en crois les fragments de poteries et les *scriptoris* trouvés auprès d'elle (Planche 14, figures 13 et 14).

Mentionnons enfin quelques poteries des xive et xve siècles (Planche 12, figures 6 et 7).

CHAPITRE VIII

QUARTIERS DU VAL-DE-GRACE
ET DU
MONT PARNASSE

(V^e et XIIIe Arrondissements)

§ I

CHAMP DE SÉPULTURES DE L'ARBALÈTE.

Les fouilles accomplies depuis un certain nombre d'années et leurs révélations, on peut affirmer que les deux rives de la Bièvre avaient été consacrées spécialement aux sépultures chrétiennes, surtout à la fin de la domination romaine. Comme nous en jugeons par un titre de 1245, on a donné le nom de *Terra de loco Cinerum*, à un terrain qui devait s'étendre le long de cette rivière. Les investigations avaient eu des conséquences moins fructueuses sur la rive gauche que sur la rive droite ; mais grâce à des travaux entrepris avec un ami rue de l'Arbalète, je pus constater que des deux côtés de la Bièvre, le terrain abondait en richesses archéologiques.

Les travaux dirigés, en 1882, par M. Pointillard, entrepreneur de travaux publics, se trouvaient près des anciennes maisons des Filles de la Providence et des Filles de la Présentation, sur un champ de sépultures chrétiennes limité au siècle dernier par les rues des Vignes, Lhomond,

. des Feuillantines et de l'Arbalète. Au moyen âge, ce champ était voisin du clos dit de la Cendrée, et d'autres clos qui avaient nom de Coypeau ou Coupeau, des Morts-Fossés, du Mont-Cétard, des Treilles, du Breuil, des Saussayes (1), etc. Tous ces terrains qui enveloppaient l'église du bourg Saint-Mard ou Saint-Médard (2), semblent n'avoir reçu que très peu de constructions à l'époque gallo-romaine, car je n'ai rencontré aucune espèce de fondations d'anciennes maisons (3).

L'étendue du terrain que j'ai exploré en cet endroit, mesure une superficie de 60ᵐ environ.

Dans les fosses, creusées à 1ᵐ65 de profondeur dans le sol ancien, je n'ai trouvé généralement qu'une poterie déposée auprès du squelette et touchant le temporal droit, quelquefois elle était déposée entre les cuisses ; des clous de 0ᵐ12 à 0ᵐ15 et dont la tête mesurait 0ᵐ03 de diamètre, avaient dû servir à joindre les planches des cercueils en chêne et châtaignier. J'avais déjà constaté ces faits sur la rive droite de la Bièvre.

Dans un éboulement de terre je recueillis, au milieu de fragments de poteries appartenant à la fin du IVᵉ siècle ou au commencement du Vᵉ, une petite statuette en bronze qui nous paraît avoir servi de candélabre à une lampe antique.

L'exécution est sans fermeté ; les formes sont lourdes, vulgairement arrondies ; la difformité du visage et l'attitude forcée des membres accusent chez le modeleur une faible

(1) Tous ces clos étaient plantés en vignes depuis fort longtemps comme à St-Marcel et l'étaient encore au XVIIIᵉ siècle. La culture de la vigne était la même qu'aujourd'hui.

(2) C'est derrière l'abside de cette petite église que se trouvait, au XVIIIᵉ siècle, le tombeau du diacre François Pâris qui devint le théâtre des scènes extravagantes et scandaleuses des *Convulsionnaires*. Le cimetière fut fermé, et sur la porte fut affichée l'épigramme suivante :

De par le Roi défense à Dieu
De faire miracle en ce lieu.

(3) Nous savons que toute la partie comprise aux environs de Saint-

connaissance de l'anatomie. La fonte elle-même manque de finesse et n'a pas la pureté des bronzes antiques. Malgré ses imperfections, cette statuette est précieuse, car je la crois unique dans les collections des objets exhumés du sol parisien, et elle doit remonter à une époque antérieure à notre ère.

Une particularité notable de cette statuette est la chevelure très abondante qui couvre la tête et la nuque, et qui, divisée sur le front en ondulations gracieuses, se réunit sur l'occipital et soutient une tête de reptile, dont le corps très fruste devait servir de support avec un prolongement qui se trouve au sommet de la tête. De longues boucles frisées s'échappaient des bandeaux et retombaient, en les couvrant, sur les oreilles et les épaules. On sait que les Etrusques avaient, comme les Osques, des coiffures artificielles. Il paraîtrait assez vraisemblable qu'il en fût de même de celle de notre statuette.

L'attitude du personnage est aussi à remarquer. Il repose sur une plinthe ou socle circulaire légèrement fruste et il est assis sur ses talons. Sur le biceps et le deltoïde de chaque bras on peut voir deux bracelets, ainsi qu'aux avant-bras. Le coude gauche, appuyé sur le genou de la jambe gauche, permet à la main de saisir le coude du bras droit et de reposer sur un genou de la jambe droite ; ce bras, par un mouvement forcé, est replié sur lui-même de telle façon que la main recouvre l'épaule et le deltoïde de droite. Sous l'aisselle

Germain-des-Prés était cultivée dès la plus haute antiquité en figuiers et en vignes.

Il y a lieu de croire que les clos indiqués précédemment étaient cultivés et contribuaient aussi à l'approvisionnement de Lutèce. Du reste, nous lisons dans le *Misopogon* de l'empereur Julien, qui passa plusieurs années dans sa chère Lutèce. « Ils ont de bonnes vignes et des figuiers même, depuis qu'on prend soin de les revêtir de paille et de ce qui peut garantir les arbres des injures de l'air. » Cette façon de cultiver le figuier est employée encore de nos jours, et la plupart des amateurs qui se livrent à cette culture ne se doutent guère comme elle était productive à Paris, il y a 1800 ans.

gauche passe une sorte d'écharpe dont les franges viennent
se réunir sur le flanc gauche. Une torsade tenue par la main
gauche descend tout le long de la jambe droite et se termine

(Figure 3)

par un gland qui repose sur le socle de la statuette. L'artiste, en
donnant l'attitude du repos à cette figure, a voulu rappeler
le calme des longues veilles. Sans chercher à préciser l'époque
à laquelle remonte ce petit monument, qui devait servir,
comme nous en avons émis déjà la conjecture, à supporter
une lampe, nous pensons qu'il n'appartient pas à l'art
gallo-romain, mais à l'art étrusque (Voir figure 3).

Dans une sépulture, je trouvai au-dessus de l'épaule
droite d'un squelette en mauvais état de conservation, une
fort belle bouteille ou amphore en terre rouge, se terminant
par un pied aplati assez large pour lui permettre de rester
debout sans appui (Planche 3, figure 19). Cette bouteille
mesure 0^m20 de hauteur. Le diamètre le plus large est de
0^m17, celui du col 0^m04 et celui de la base 0^m06. Elle porte
comme décoration des cercles concentriques peints en blanc
au milieu desquels on voit des rinceaux grossièrement faits.

Dans une autre, c'était une poterie à long col en terre
grise d'un type fréquemment rencontré à Saint-Marcel. Elle
mesurait 0^m14 de hauteur et 0^m10 de diamètre au ventre.
Le col et l'ouverture avaient 0^m05 et demi et la base 0^m03 et

demi de diamètre (Planche 3, figure 15). Une autre poterie du même type, en terre grise bien conservée, mesurait seulement 0^m11 de hauteur avec des diamètres de 0^m04 à l'ouverture, de 0^m07 à sa partie la plus large et de 0^m02 et demi à la base (Planche 3, figure 27).

Une troisième poterie, aussi en terre grise, avait une anse et ressemblait comme forme à la poterie grossière des xvie et xviie siècles. Sa hauteur était de 0^m10, son diamètre le plus large mesurait 0^m08, celui de l'ouverture 0^m06 et celui de la base 0^m03. L'anse avait 0^m03 et demi de haut (Planche 3, figure 16).

Enfin, près d'un autre squelette, je trouvai, placée comme les poteries précédentes au-dessus de l'épaule, une jatte de 0^m17 de diamètre en terre noirâtre avec une pointe de bleu. Elle est d'une conservation parfaite, et repose sur une base de 0^m06 et demi de diamètre ; sa hauteur mesure 0^m07 et demi, et ses bords, qui sont arrondis, ont 0^m01 d'épaisseur (Planche 3, figure 20).

Dans une troisième sépulture, s'offrit à mes yeux une sorte de *calathus* ou coupe à boire d'une contenance à peu près égale à celle de nos verres à vins fins. Ce vase en terre de couleur rouge brique portait au fond le sigillum du potier $\boxed{\text{V N A}}$. La terre dont il est composé fait effervescence avec l'acide nitrique ; elle est moins fine et elle est cuite à une température moins élevée que les vases de même contenance par nous trouvés au Panthéon, au Val-de-Grâce et à la Maternité. Il devait donner un goût de terre au liquide qu'il renfermait trop longtemps. Sa hauteur est de 0^m04 sur 0^m08 de diamètre (Planche 3, figure 17). Cet objet n'a rien d'analogue dans aucune de nos collections publiques, pour la similitude exacte de la forme.

A quelque distance de la même sépulture, j'ai rencontré auprès d'ossements à peine reconnaissables une *ampulla* ou un *guttus* en verre blanc bien irisé. Sa hauteur totale est

de 0ᵐ08 et demi, et le diamètre de sa partie sphérique est
de 0ᵐ06 (Planche 3, figure 18).

Au moment où les travaux touchaient à leur terme, sur
ce point, nous relevâmes encore une poterie assez semblable
comme aspect à la figure 16 de la Planche 3, mais d'une
plus grande dimension et d'une contenance d'environ 75
centilitres. Une sorte de boue blanche, composée de carbonate de chaux mélangé de petites pierres, emplissait et
recouvrait le vase, dont le nettoyage fut difficile. Au fond,
se trouvait une monnaie de bronze de Gratianus en assez
bon état de conservation. Cette découverte avait son importance : elle me permettait d'affirmer que le champ de
sépultures de l'Arbalète n'est pas antérieur à la fin du ivᵉ
siècle puisque Gratien fut détrôné par l'usurpateur Maxime
et massacré à Lyon en 383.

C'est donc à cette époque qu'il faut faire remonter le vase
à une anse dont nous avons parlé et qui ressemble aux
poteries grossières du moyen âge. D'ailleurs ce type ne fut
rencontré dans aucune des fouilles faites dans ce champ de
sépultures de l'Arbalète ; il appartient réellement à la fin de
la domination romaine.

J'ai trouvé dans cet endroit quelques vases semblables aux
précédents ; le lecteur s'en rendra compte en se reportant à
la Planche 3 (Figures 14, 15, 26, 27, 28 et 29).

Les poteries en terre rouge découvertes sur ce point n'ont
pas la solidité des poteries extraites des environs du
Panthéon et de la Maternité ; elles leur sont pareillement
inférieures comme ténacité de terre et comme cuisson. Il
faut donc constater une sorte de décadence qui se fit sentir
dans l'art du potier jusqu'à la Renaissance, époque à
laquelle de nouveaux procédés chimiques fournirent des
éléments inconnus jusqu'alors.

Les vases de couleur gris-perle (Planche 3, figures 4, 15,
26 et 27) sont cuits à une plus haute température que les

vases en terre rouge et ne font pas effervescence à l'acide nitrique.

Au point de vue décoratif, on peut constater que l'ouvrier potier possède encore une grande habileté. C'est à cette époque (IVᵉ ou Vᵉ siècle) que l'on assiste aux premiers essais de peinture décorative en blanc sur les vases en terre rouge ou grise. Cette décoration se compose généralement de filets faits au moyen de la tournette, et aussi quelquefois de rinceaux de même couleur placés au milieu des cercles comme on l'a vu plus haut (Planche 3, figure 19). Les couleurs étaient assez solides pour que de certains vases aient traversé les siècles sans les avoir perdues.

Un inconvénient que nous avons déjà signalé était d'inculquer un goût de terre aux liquides contenus dans les vases de cette époque, par suite du manque de cuisson et de la mauvaise préparation de la pâte. Cet inconvénient n'existait pas dans la céramique des trois premiers siècles, mais celle-ci ne porte pas trace de peintures décoratives ; elle est ornée seulement de reliefs de même couleur et de même nature que les poteries elles-mêmes.

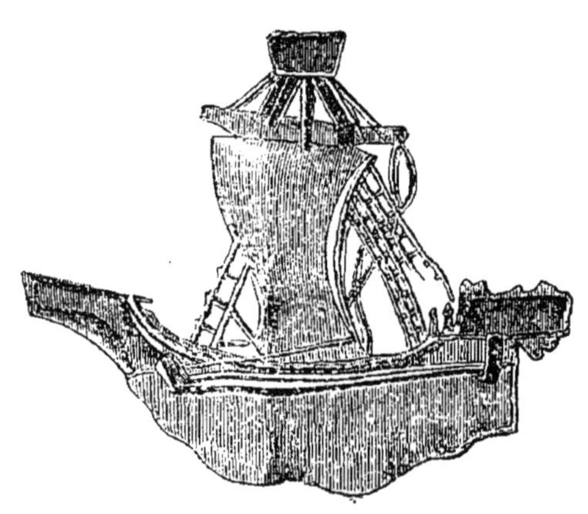

§ II

CHAMP DE SÉPULTURES GALLO-ROMAINES

En 1877-78, on constatait, rue Nicole, des découvertes semblables à celles qui avaient été faites antérieurement à l'endroit où s'élève aujourd'hui le marché situé en face le bâtiment de la Maternité. Au xviiie siècle, ces terrains dépendaient des vastes jardins du couvent des Carmélites. Il y a moins de 50 ans, ils étaient, en partie seulement, cultivés par des maraîchers.

160 sépultures à même le sol, mais rarement dans des sarcophages en pierre furent, là, mises à jour sur une étendue de 1000 mètres environ; elles appartenaient au premier temps de l'occupation romaine à Lutèce.

La présence de ces sépultures païennes donna lieu à la découverte de nombreuses poteries de toutes formes et de toutes grandeurs, de monnaies de naulages à l'effigie de Domitien, Trajan, Adrien, Antonin, Faustine (1) etc., de pierres tumulaires portant des inscriptions ne laissant aucun doute sur l'origine et la valeur de toutes ces antiquités. Une pierre triangulaire portait l'inscription suivante:

DMM
ACCAVIAE MARTIOLAE

Aux dieux mânes et à la mémoire d'Accavia Martiola. Une autre indique qu'un monument a été élevé à la mémoire d'un affranchi.

QVINTVS AMITIVS

Les nombreuses constructions qui s'élèvent dans ce

(1) Cette particularité n'est pas nouvelle : « Je pourrais encore parler,
» dit Sauval dans ses *Antiquités de Paris*, de quantité d'autres
» caveaux, de coffres, de squelettes et de têtes, ayant des médailles à
» la bouche, qui auparavant et depuis ont été découverts à Notre-Dame
» des Champs (enclos des Carmélites) et aux environs. »

quartier s'opposaient, vers le nord-est et le sud-ouest, à une exploration de ce champ de sépultures qui était bordé au sud par le marché et le boulevard Port-Royal.

Mais grâce à des travaux entrepris au printemps de 1884 dans les vastes jardins dépendant de l'ancienne maison de Port-Royal, aujourd'hui maison d'accouchement (Maternité), connue depuis longtemps sous le nom de la Bourbe, nous pûmes vérifier le diamètre du champ de sépultures, de la rue Nicole au jardin de la Maternité faisant face à l'avenue de l'Observatoire (125 mètres environ) (1) (Planche 11, voir le plan). Ainsi que dans la fouille de la rue Nicole, nous rencontrâmes quelques petites poteries en terre grise et noire appartenant à l'époque gallo-romaine (Planche 3, figures 32 et 44). Les ossements étaient en fort mauvais état de conservation : un humérus entier, quelques fragments d'un fémur, le maxillaire inférieur, les temporaux et l'occipital, il ne restait rien de plus du squelette (Voir le plan, Planche 11) unique que nous rencontrâmes dans cette fouille. Je dois ajouter que cette partie de l'antique champ de sépultures semblait être affectée aux sépultures à incinération. Ces dernières se rencontrèrent moins souvent rue Nicole. Les fosses de ce quartier n'avaient pas d'orientation régulière.

Quant aux quelques monnaies qui furent trouvées également près des poteries, elles étaient parvenues à ce point de détérioration qu'il nous fut impossible d'en déterminer plus de cinq, à l'effigie de Lucinius Valerianus, C, annius Florianus, Claudius, Domitianus et Faustina. Mais, comme dédommagement, nous eûmes la joie d'entrer en possession d'une monnaie gauloise recueillie (Planche 3, figure 42) près d'une poterie isolée dans le sol (Planche 3, figure 40). La présence de ces sortes de monnaies nationales dans les sépultures parisiennes est extraordinairement rare.

(1) Les maisons qui s'élèvent aux n°° 1, 3, 5 de l'impasse Nicole. Celles portant les n°° 19 et 21 de la rue Nicole et la maison du n° 38bis du boulevard Port-Royal s'élèvent sur l'ancien champ de sépultures,

Type. — Tête imberbe regardant à droite, peut-être Apollon.

Légende. — Fruste.

R. — Cheval galopant, monté par un cavalier lançant le javelot de la main droite.

Métal. — Potin, coulé.

Il y a des monnaies gauloises assez semblables comme type, sans légende, que l'on classe aux sénones.

Suivant une notice publiée à la suite des fouilles de la rue Nicole, l'auteur pensait que ce champ de sépultures avait pu servir aux inhumations pendant un siècle au plus, mais, nous en rapportant aux monnaies citées plus haut, nous pouvons assigner à ce champ de sépultures une plus longue durée. Toujours selon le même auteur, la plus ancienne monnaie recueillie est à l'effigie de Domitien, d'après la dernière trouvée dans les travaux de la maison de Port-Royal, et déterminée par moi, je veux parler de Florien, nous trouvons une période de 195 ans de l'an 81, époque de l'avènement de Domitien au pouvoir, à l'an 276, où Florien se fait proclamer empereur.

L'étendue du champ de sépultures vient affirmer l'importance du vieux Paris gallo-romain situé sur la rive gauche. La construction des maisons qui s'étendaient sur une partie de l'antique mons Lucotitius (butte Sainte-Geneviève) explique la position occupée par le champ de sépultures enclavé entre la voie allant à Genabum (Orléans) et celle se dirigeant vers Issy et Vaugirard.

Enfin grâce à ces travaux nous avons pu constater que l'écartement entre les fosses était plus considérable que dans la partie explorée rue Nicole, ce qui semblerait indiquer que nous sommes peut-être à l'extrémité sud du champ de sépultures.

Les poteries trouvées dans cette dernière fouilles sont

-semblables à celles recueillies en 1877-78. Elles sont généralement en terre grise, mais nous devons ajouter que celles en terre rouge se rencontrent plus rarement et portent le sigillum et des ornements souvent fort beaux (1).

Nous remarquâmes quelques fragments d'une coupe avec marly ornée de feuillages fort gracieusement disposés, le vase ne mesurait pas moins de 0^m26 de diamètre ; un autre de 0^m18 portait le sigillum OFICINA IVLICCI, imprimé en relief au milieu du vase, dont la beauté égale celle des poteries recueillies par nous dans nos recherches dans des puits à potier gallo-romains.

Ces différentes poteries de la Bourbe et du collége Sainte-Barbe appartiennent à la même époque.

La forme est très variée et d'une pureté admirable, ainsi qu'on peut en juger par les figures ci-jointes (Planche 3, figures 30, 31, 32, 33, 34, 35, 36, 37, 38, 39, 40, 41, 43, 44, 45 et 46 - Planche 14, figure 2).

A deux mètres quinze centimètres au-dessous d'un remblai relativement récent, nous rencontrâmes le tronçon d'une voie composée de cailloux et de terre, contenant par intervalle des fragments de poteries grossières et des scories provenant très probablement d'une verrerie ; l'épaisseur de l'empierrement ne mesurait pas moins de 0^m50, suivait une direction diagonale sous la construction qui s'élève aujourd'hui, puis se dirigeait vers le bâtiment de l'Observatoire (Voir le plan de la Planche 11).

Personne n'ignore que des traces d'anciennes voies romaines se discernent dans presque toute la France ; j'ai eu le loisir d'en étudier dans le département de l'Aisne ; elles étaient construites positivement comme celles que nous

(1) J'ai rencontré la présence de fragments de poteries antiques dans les terres enlevées à la décharge, ce qui indique qu'à une époque éloignée, beaucoup de ces poteries ont été brisées par les plantations d'arbres, travaux de conduites d'eaux, etc., sans avoir attiré l'attention des ouvriers chargés de ce travail.

avons reconnues dans le jardin de la Maternité, et paraissaient avoir la même largeur et la même épaisseur d'empierrement.

En général, la construction de ces voies était exécutée avec les matériaux de la localité où elles s'établissaient (1). Si elles étaient situées dans un pays de plaine, elles s'élevaient légèrement au-dessus du sol, afin d'obvier aux inondations ou simplement d'être mises à l'abri de l'humidité qui pouvait la détremper et par suite la détériorer.

La voie qui passe non loin du curieux village de Pasly (près Soissons), laissant Vauxrezy à gauche et se dirigeant sur Coucy-le-Château était légèrement élevée au-dessus du sol de la plaine qui s'étend aux abords de la route.

Entre Mirgodon et la Fontaine de la Rachée (vallée de St-Chéron), près de St-Evroult (2), nous reconnûmes un tronçon de voie romaine en tout semblable à celle du quartier parisien de la Maternité.

Ces différentes voies se composent ordinairement de plusieurs couches de pierres battues avec du mortier ou de la terre. La couche supérieure est généralement composée de pierres d'un volume plus considérable que celui des pierres employées aux fondations; et la construction de l'empierrement est disposée en sorte que les eaux s'écoulent de

(1) Il y a lieu de croire qu'elles furent principalement construites par les captifs ou esclaves gaulois, sous la conduite des Romains, suivant Tacite; Galgacus, chef gaulois, prononça les paroles suivantes qui semblent confirmer mon opinion : « Vos bras et vos corps, dit-il, on les » use à rendre des forêts praticables, à combler des marais, et de ces » indignes travaux, les outrages et les coups sont le salaire. » Cette harangue avait pour mobile de soulever la Bretagne.

(2) A une époque que nous ne pouvons préciser exactement (25 ou 30 ans), on fit la découverte d'un cachet d'oculiste romain, et de fondations de maisons appartenant à l'époque gallo-romaine.

En 1868, dans ce même village de St-Evroult, nous découvrîmes des fondations de constructions romaines dans lesquelles nous recueillîmes des briques assez semblables à celles que nous rencontrâmes dans nos fouilles du nouveau collége Sainte-Barbe et de l'ancien couvent des Jacobins, de la rue Saint-Jacques, à Paris.

chaque côté de la voie, dont le milieu est légèrement élevé au-dessus des bas côtés.

Celles qui partaient de Lutèce étaient, ainsi qu'en Italie, bordées de sépultures appartenant à des citoyens romains. Les fouilles du jardin des Carmélites (rue Nicole), celles reconnues par moi dans le jardin de la Maternité, la sépulture du médecin du mons Glandiolus (place d'Italie), le prouvent surabondamment.

Avant d'arriver à la description des antiquités produites à la lumière sur ce point, disons que ces voies étaient divisées dans leur longueur par des bornes milliaires en pierre, beaucoup plus élevées que celles de nos jours qui indiquent les distances kilométriques ; de plus elles portaient des inscriptions gravées, servant à renseigner le voyageur sur le nom de l'empereur qui avait ordonné l'édification ou la réparation de la voie.

On sait que les Romains furent les premiers constructeurs de grandes routes à travers la Gaule, et le fait s'explique par la simple nécessité d'établir des communications entre les villes et leurs camps établis durant la conquête.

A soixante centimètres de profondeur du sol ancien, et en bordure de la voie romaine, nous reconnûmes plusieurs poteries de formes et de couleurs différentes, souvent brisées (Consulter les figures ci-jointes, 37, 32, 31, 30, 40, 41, Planche 3), comme les précédentes, par la pioche des terrassiers ; ces poteries déposées à même le sol n'étaient pas, ainsi que cela se pratiquait à l'époque de la domination romaine, le mobilier funéraire déposé généralement auprès du mort.

Avaient-elles été confiées au sol en souvenir d'un parent ou d'un ami ?

Etaient-elles là comme un ex-voto ?

Nous sommes très probablement en face d'un rite funéraire particulier.

Quelques-unes furent recueillies, dit-on, par les différents entrepreneurs de travaux, nous regrettons de ne pouvoir en publier la forme.

Ajoutons qu'au milieu des fragments se trouvait une monnaie très fruste à l'effigie de Faustine.

Le type des poteries découvertes dans ce quartier semble, sous le rapport de la forme différer avec le type remarqué au quartier Saint-Marcel (mons Cétardus) où la quantité d'objets déposés dans les sépultures était moins considérable.

A quelques mètres seulement de l'endroit où se trouvaient ces quelques poteries, et toujours en bordure de l'ancienne voie, les ouvriers rencontrèrent une fosse de 1m80· de longueur sur 0m70 à 0m80 de largeur, contenant beaucoup de cendre et de charbons de bois de chêne de la grosseur du poignet et d'une conservation parfaite. Il y a lieu de croire que nous étions en présence d'un bûcher ayant servi à l'incinération d'un cheval : quelques ossements bien conservés, ceux des jambes, surtout quelques fragments de maxillaire et quelques molaires éclatées par le feu nous permirent de déterminer facilement à quel animal appartenaient ces restes (Planche 11, bûcher).

Déjà, il y a quelques années, on avait rencontré dans les fouilles de la rue Nicole des ossements de ce quadrupède inhumés sur un squelette humain.

La présence de ce bûcher auprès de sépultures gallo-romaines ne saurait nous surprendre s'il nous revient à la mémoire que le fier coursier était en quelque sorte le compagnon inséparable du Romain et du Gaulois. Nos pères et les Germains avaient le même culte pour les chevaux, qui partageaient avec eux les périls de la guerre et les emportaient au plus épais des mêlées. « Les funérailles des Germains, a dit Tacite, se font sans aucune pompe; seulement on a l'attention de choisir certains bois pour brûler les corps des hommes illustres. Ils n'entassent sur le bûcher ni vêtements ni parfums et ne brûlent avec le mort que ses armes et tout au plus son cheval. »

Sur presque toutes les monnaies de la Gaule nous retrouvons le cheval monté ou attelé au bige; le Pégase ailé y figure aussi fort souvent; enfin nous le voyons figurer sur la seule monnaie gauloise recueillie par M. Magne dans ce champ de sépultures, et non loin des restes du bûcher.

Cette partie de la fouille était donc composée surtout de sépultures à incinération. Outre l'état du seul squelette recueilli là, la présence de foyers contenant encore des restes de charbons et de quelques petites urnes cinéraires en terre noire contenant des cendres parfaitement déterminées à côté de poteries renfermant des ossements de sangliers, de lapins, etc., restes d'aliments déposés dans le sol et isolément, semble l'affirmer.

J'ai la presque certitude que ce terrain contigu au marché Nicole, séparé seulement par le boulevard Port-Royal (40 à 50 mètres) est la suite de la nécropole gallo-romaine explorée en 1877-1878. Ajoutons aussi que, dans une fouille exécutée en bordure du marché et sur le boulevard en août 1884, quelques urnes cinéraires furent dégagées ainsi que différents types semblables aux fragments reconnus par moi dans les jardins de la Maternité.

Au milieu de fragments de toutes sortes enlevés et portés à la décharge, se rencontrèrent quelques ustensiles en fer parmi lesquels se trouvait la *clavis laconina* (Planche 3, figure 21) des anciens, pièce fort rare dans nos musées et du plus haut intérêt. Ce petit instrument à manche coudé dont l'extrémité manuelle se termine par un anneau, est composé de deux ou trois dents qui, introduites à l'intérieur, soulevaient le loquet et permettaient d'ouvrir la porte. Elle mesure 0ᵐ17 de longueur sur une largeur de 0ᵐ008. Le métal est de conservation fort belle.

Le Musée britannique possède une clavis en tout semblable à celles découvertes par moi et d'origine égyptienne ; ce qui semblerait indiquer que le système égyptien était bon et avait pu pénétrer en Gaule à la suite des armées romaines.

Les Grecs en attribuent l'origine aux habitants de Laconie. L'usage des clés remonte certainement à la plus haute antiquité, puisqu'il en est question dans la Genèse et que plusieurs auteurs appartenant à diverses époques, notamment Pline et Polydore Virgile, le célèbre philologue, font honneur de cette invention à Théodore de Samos. Il est certain que le jour où la propriété et la demeure de l'homme furent fixées, l'usage des clés dut être rapidement appliqué aux fermetures des portes d'habitations.

Au milieu de toute cette ferraille se rencontrèrent aussi quelques agrafes ou *fibula* en fer, employées alors pour fixer les divers vêtements des hommes et des femmes, tels que la Chlamys, le Pallium, le Sagum, le Paludamentum, l'Alicula, etc.

Une de ces fibules (Planche 12, figure 26) a conservé son épingle dans la position normale et fonctionne encore merveilleusement ; d'autres, de moins bonne conservation, sont couvertes d'une patine fort belle (Planche 12, figures 21, 22, 23, 24, 19).

Ces agrafes ressemblent beaucoup à celles employées de nos jours par les nourrices. Elles sont munies d'une épingle arrêtée dans un crochet placé à l'extrémité du bijou.

On se servait aussi de boucles (Figure 6) ou agrafes pour fixer autour de la tête le bandeau dont les jeunes femmes se paraient pour retenir leur chevelure (Planche 12, figure 28).

Le métal qui domine dans la confection de tous ces objets est le fer ; pourtant, parfois nous récoltons quelques objets de bronze. Tels : un petit cure-oreille (Auriscalpium) (Planche 12, figure 27), couvert d'une belle patine et de deux petits cure-ongles qui faisaient probablement partie d'une trousse de dame soigneuse de sa beauté. Ces menus ustensiles de toilette étaient accompagnés d'une pince (Planche 12, figure 25) (Vosella ou Vulsella, pince à épiler les cheveux avec la racine) qui, malheureusement, se réduisit en poussière et dont la restauration fut impossible.

Un instrument en bronze, de 0m14 de longueur, dont l'extrémité manuelle se termine par une boule olivaire, fut trouvé auprès de ces divers objets précieux pour l'histoire de la toilette au temps de la domination romaine. La pointe se compose d'un crochet dont la courbe mesure 0m008 de diamètre. Ce petit instrument a les proportions des divers outils composant la trousse de médecin du iiie siècle. Enfin, la tige de bronze semble avoir été tordue à dessein, afin de la décorer de lignes parallèles disposées en spirale vers son centre de gravité (Planche 12, Figure 29).

Une agrafe, rompue en deux parties, se remarque par l'originalité de sa décoration (Planche 12, figure 19).

Au milieu de tous ces souvenirs si précieux de notre vieux Paris, se trouvaient quelques perles en verre de différentes couleurs. L'une d'elles surtout nous a semblé fort rare; elle est d'un beau bleu, de forme olivaire et mesure 0m008 de longueur; une autre en verre, et couleur vert bouteille, ne mesure pas moins de 0m02 de diamètre sur une épaisseur de 0m01; une troisième en verre jaune, admirablement irisé, de 0m016, se rencontre près d'une perle en pâte verte.

Bien qu'à Rome le verre fût fort cher, il n'en était pas moins répandu dans la décoration intérieure des habitations et dans l'aménagement de la parure des femmes.

A l'époque de l'occupation de Paris par les Romains, le verre était fort connu, ainsi que nous pouvons en juger par les objets de toutes espèces trouvés à Lutèce. Notre modeste collection renferme, appartenant à cette époque, de beaux fragments de vases en verre, ornés de reliefs; vase en forme de futaille, ampulla ou bouteilles de toutes grandeurs, gobelets, vases en verre coulé ou soufflé, cube irisé de toutes couleurs, etc.

Tout le monde sait que des vitres furent découvertes à Pompéï, ville engloutie il y a plus de 1900 ans, et que la matière vitrifiable était connue chez les Egyptiens, il y a plus de 5000 ans. Nous ne devons donc pas être surpris de trouver dans notre sol parisien ces objets précieux qui nous permettent de constater l'art avancé du verrier dès le commencement de l'ère chrétienne (1).

Au milieu de ces objets de parure nous trouvâmes une épingle de bronze de 0^m09 de longueur avec tête de 0^m008 d'épaisseur et de largeur, taillée en pointe de diamant: l'usage de retenir la chevelure au moyen de grandes épingles était général dans la Gaule (Planche 12, figure 30).

Quelques épingles appartenant à cette époque ne mesurent pas moins de 0^m55 (elles figurent dans notre collection).

Deux stylets d'ivoire, de belle conservation, se trouvaient près de l'épingle (Planche 12, figures 31 et 32). Toutes les monnaies recueillies sur ce point étaient à l'effigie d'Augustus, Claudius, Nero, Antoninus et Faustina.

§ III

CURIOSITÉS PROVENANT D'UNE SÉPULTURE GALLO-ROMAINE AUX QUARTIERS DU VAL-DE-GRACE ET DU MONTPARNASSE

Aux environs de l'ancien clos de Cuvron, un sondage fut fait en 1884 pour étudier la composition géologique du sol à cet endroit. Dans le *diluvium* formé d'un amas de cailloux roulés et de sable grossier, auquel se trouvait mêlée une

(1) Les ouvriers verriers furent exceptés des charges et impôts publics par les empereurs Constantin, Constant et Théodose.

argile sablonneuse d'un jaune pâle provenant de la couche inférieure du sol avec une quantité notable de terre rougeâtre appartenant à la couche supérieure, je trouvai des fragments de poteries et des parcelles d'ossements incinérés, ce qui semblerait indiquer la présence en cet endroit d'une ancienne sépulture bousculée à une certaine époque par un travail de terrassements ou de plantations d'arbres. Quelques objets furent brisés, très regrettablement, par la pioche des ouvriers.

Je mentionnerai d'abord un petit couteau ou poignard, sorte de *secespita* de 0^m19 de longueur. La forme de la lame, que nous avons dessinée de suite, est celle d'une feuille de laurier-cerise très allongée et très pointue (Planche 14, figure 1). Je ne pus conserver cette lame qui, au contact de mes doigts, tomba en poussière. Seule la poignée en bronze est en bon état. Elle représente un buste très curieux. Les traits du visage, qui est imberbe, sont en même temps gracieux, délicats et virils, les yeux sont vifs et pénétrants, et la tête jeune et grave est entourée d'une abondante chevelure bouclée qui s'échappe d'un casque. Le cimier de ce casque garni de plumes est assez semblable à ceux qui sont sculptés sur la colonne trajane. Au centre et à la partie basse de la visière dépasse une saillie ayant la forme du nez comme on le voit souvent dans les casques grecs. La poitrine est couverte par les plis d'un vêtement, sorte de *Tunica* ou de *Colobium*.

Sans doute l'artiste a voulu représenter Minerve, mais l'absence de l'égide et de la lance me fait supposer que c'est plutôt la tête de Minerve, protectrice des arts et de l'industrie, que la tête de Pallas, déesse de la guerre.

Je découvris aussi à cet endroit cinq lampes monolychnes, qui valent la peine qu'on en parle successivement.

1° La première de ces lampes est en terre grise, fort légère et de très bonne conservation. Le disque représente un gladiateur blessé. Il est agenouillé sur la jambe droite et appuie sa tête sur la main gauche qui repose elle-même sur le genou gauche. Sa tête est nue et son bras désarmé. Sauf une sorte de *cinctus* ou jupe courte serrée à la taille et ne descendant pas au-dessous des genoux et sauf les armes défensives qui recouvrent les bras, le gladiateur représenté ici est complètement nu. « Il en tient » comme disaient les spectateurs attentifs à juger les coups que se portaient les combattants.

2° La deuxième lampe, fort bien conservée aussi, est en terre jaunâtre et porte une anse de suspension. Elle est ornée à sa circonférence d'une guirlande de feuilles de laurier mélangées avec des fruits et des rubans. On distingue au centre le combat d'un taureau contre un ours. Ce dernier a saisi dans sa puissante étreinte son adversaire qui semble lui avoir plongé ses cornes dans la poitrine. Le taureau, dont la queue est relevée, est couvert d'une *dorsualia*, sorte d'étoffe qui lui recouvre les flancs. L'ours porte une lanière qui lui enveloppe la poitrine et passe sous le col ; elle devait servir à l'enchaîner avant et après le combat. Cette tauromachie était fréquente chez les Romains.

Le dessous de cette lampe comporte trois cercles dont le centre commun est formé par le sigillum LCAESAE.

3° La troisième est en terre rouge fort belle et n'a pas d'anse. Sa décoration se compose d'un disque mouluré, au milieu duquel on voit une scène de la vie champêtre, chose rare pour cette époque où l'on représentait plus volontiers, dans les arts décoratifs, des combats d'animaux ou des sacrifices. Le sujet se compose d'une femme au torse et aux bras nus, enveloppée d'une draperie, qui contemple, assise, une biche allaitant son petit et cherchant à le lécher, comme l'indique le mouvement de la tête, qui est tournée.

4° La quatrième lampe, en terre jaunâtre, est munie d'une anse et de deux trous par où l'on introduisait la matière combustible au centre du disque. Celui-ci est décoré d'une sorte de grenetis en creux qui enveloppe la partie

supérieure de l'objet. Le fond extérieur porte le sigillum
suivant: E Λ I K
              T Λ C
              T O C
(Planche 14, figures 8, 9, 10).

5° Cette dernière lampe ne ressemble pas aux autres;
elle est de fabrication plus commune, en terre rouge brique.
Dénuée d'anse et de disque, elle possède un bec obtenu par
la pression de la pâte entre le pouce et l'index avant la
cuisson. Elle ne porte aucune décoration extérieure et
semble avoir été faite au tour, tandis que les autres ont été
obtenues par le moulage. Ce fut, pensons-nous, un produit
de l'industrie parisienne (Planche 14, figures 11 et 12).

La découverte de ces lampes, qui devaient constituer une
portion de mobilier funéraire, indique bien que cet endroit
faisait partie d'un champ de sépultures gallo-romaines,
dont le point principal résidait rue Nicole et à la Maternité.

CHAPITRE IX

QUARTIER DU VAL-DE-GRACE

DÉCOUVERTE D'OUTILS D'ARTISANS, MONNAIES ET POTERIES DE L'ÉPOQUE GALLO-ROMAINE.

Non loin d'une voirie romaine située rue du Cardinal Lemoine (Mons Lucotitius, ancienne Lutèce), découverte et explorée par nous en mai 1884, il nous fut permis quelque temps plus tard de reconnaître, parmi des amas de cendres, quelques objets en fer, des fragments de poteries portant le sigillum — OFF₀SAB — F Я ACINA — OFF₀CES — .I.R.F. — ANDIN, celui-ci incomplet — MARCEL°LI° — ;

Deux monnaies à l'effigie de *Philippus pater* et de *Faustina*, femme d'Antonin, de fort belle conservation ;

Nombre de fragments de Calix, de Patina, d'Œnochoé, d'amphore, ossements, restes de cuisine, etc., etc , appartenant à l'époque gallo-romaine.

En 1880, comme nous l'avons rapporté ci-dessus, nous avions la bonne fortune de découvrir une trousse de médecin appartenant au ɪɪɪᵉ siècle, et la série d'instruments dont elle se composait, dix-sept pièces uniques, avait jeté un nouveau jour sur la médecine opératoire. Il était difficile en effet de se faire, avant cette précieuse exhumation, une idée exacte des moyens employés par les praticiens qui exerçaient la science médicale ou chirurgicale à Lutèce, au temps de Galien.

Je vais décrire maintenant, non plus une série d'instruments à l'usage d'un savant praticien, mais quelques outils en fer ayant appartenu à un simple artisan, dont la profession est assez difficile à déterminer (peut-être celle de

menuisier). La conservation de ces curiosités est relativement belle et permet d'en étudier attentivement, sinon
avec une assurance absolue, les contours et l'emploi
auquel elles étaient destinées.

Les instruments de la trousse étaient en bronze ; les
outils que nous publions sont en fer. Il semblerait résulter
de leur confection presque contemporaine que les instruments
de précision étaient encore exécutés en métal plus doux,
plus précieux et que le fer s'employait plus généralement à
la fabrication d'outils devant exécuter de rudes travaux. Ce
métal, mis en usage à une époque relativement récente dans
la Gaule, convenait mieux, en effet, à la confection de
ciseaux, d'emporte-pièce, de hachettes ou paroirs, de
chasse-clous, instruments qui reçoivent l'impulsion au
moyen de chocs violents du marteau. L'emploi du bronze

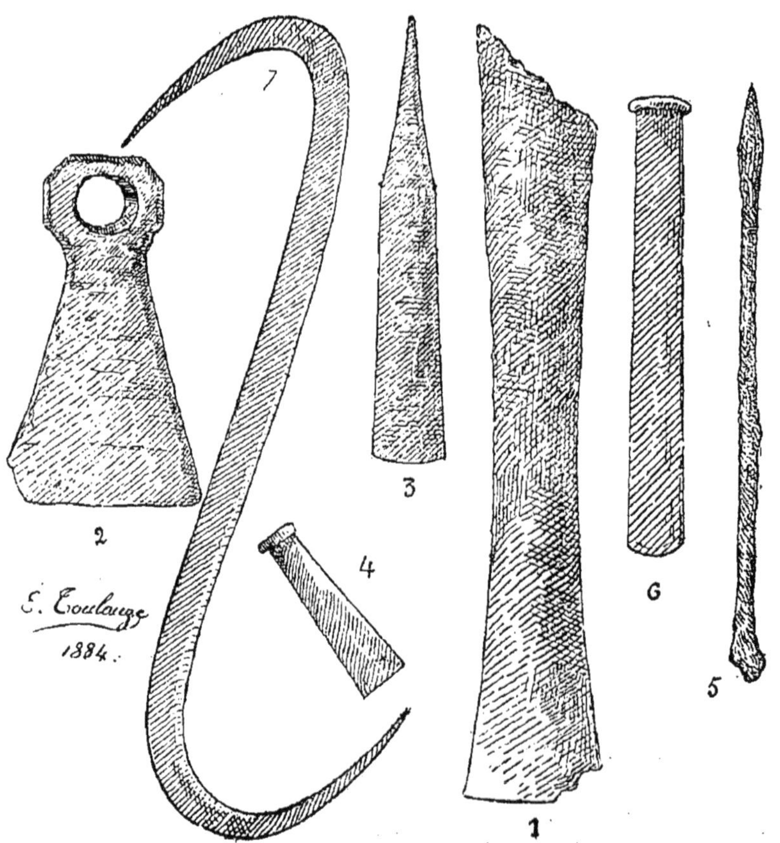

pour cet usage aurait été, en effet, de courte durée ; aussi pensons-nous qu'aussitôt la découverte du fer, ce dernier fut employé et remplaça rapidement le bronze, métal trop doux pour la fabrication des armes, aussi bien que pour celle des outils d'artisan.

1° Nous mentionnerons tout d'abord une sorte de ciseau bien conservé, de 0ᵐ17 de longueur : l'extrémité aiguisée mesure 0ᵐ035 de largeur. On sait que les ciseaux modernes de nos menuisiers sont fixés, à leur partie supérieure, dans un manche garni d'une virole s'opposant à l'écartement du bois. Tel n'est pas le mode d'emmanchement de notre ciseau antique ; sa partie supérieure est munie d'une douille recevant le bois dont il reste encore une partie conservée par l'oxyde de fer ; c'est donc sur ce bois, formant poignée, que l'ouvrier frappait afin de pousser l'outil et de lui donner l'impulsion dont il avait besoin pour l'exécution de son travail.

2° Un des outils les plus utiles est certainement celui que nous allons décrire ; nous croyons pouvoir lui donner le nom de hachette, hachereau ou paroir, bien que son système d'emmanchement soit complètement opposé à celui de la hache, que tout le monde connaît ; la partie supérieure opposée au tranchant est exhagonale, d'un diamètre de 0ᵐ03, percée au milieu d'une ouverture de 0ᵐ014, recevant le manche, qui était fixé comme celui de la hache à fer courbe du tonnelier (on sait que cette dernière sert à trancher en arrondi le léger creux de la douve de futaille). Disons aussi que cette sorte de hachereau, dont la partie supérieure semble émoussée par les coups réitérés du marteau, pouvait servir de hachette lorsqu'on l'employait avec le manche ; sans ce dernier, il pouvait remplir l'emploi du premier instrument décrit ci-dessus, que nous nommons ciseau de menuisier. La hauteur du hachereau est de 0ᵐ085 et le taillant, de belle conservation, mesure 0ᵐ05 de largeur.

3° Autre petit ciseau, dit de menuisier, ayant, il y a lieu

de le croire, le même emploi que le premier, mais de plus petite dimension (il mesure 0ᵐ10 et le tranchant 0ᵐ02), de belle conservation. Son extrémité supérieure ne recevait pas le bois formant extrémité manuelle, mais s'enfonçait, ainsi que nos ciseaux modernes, dans un manche. Il ressemble beaucoup à celui qui est en usage aujourd'hui.

4° Ce petit instrument ressemble parfaitement à un emporte-pièce, ayant servi probablement à découper de petites rondelles de métal, de cuir ou de bois. Il a la forme et le volume de nos petits porte-cigarettes et sa partie supérieure est émoussée par les coups réitérés du marteau ; sa conservation est fort belle ; il mesure 0ᵐ048 de hauteur et le diamètre du tranchant, de forme circulaire, mesure 0ᵐ012 ; il devait produire une rondelle de 0ᵐ010.

5° Une pointe à tracer ou à percer, en forme de pointe de lance, ne mesurant pas moins de 0ᵐ14 de longueur ; la partie supérieure, ainsi que la pièce précédente, est fortement émoussée par suite des coups de marteau ; le diamètre de la tige est de 4 à 0ᵐ005.

6° Instrument difficile à déterminer, dont la partie supérieure accuse l'usage fréquent ; son emploi devait se rapprocher assez du chasse-goupille ; il mesure 0ᵐ113 de hauteur.

7° Enfin, un objet en fer en forme d'*S*, dont on ne devine pas l'emploi, qui peut se rapporter aux crochets de suspension employés de nos jours par les peintres en bâtiment pour fixer leur camion à l'échelle sur laquelle ils travaillent.

Ces divers instruments se trouvaient dans un endroit où certainement les anciens déposaient les détritus du ménage : c'est au milieu de cendres de bois que nous les trouvâmes, et c'est à ces cendres que nous leur devons une aussi belle conservation.

Les nombreux fragments de poteries portant le sigillum, que nous avons publiés plus haut, s'y trouvaient mêlés, ainsi que des fragments de vases et de coupes en terre rouge vif, décorés de bas-reliefs d'un type bien connu.

Rien de postérieur à l'époque gallo-romaine ne se rencontra sur ce point ; pas le plus petit vestige qui fasse supposer que ce trou à décharge eût servi postérieurement à l'époque indiquée déjà ; il en résulte donc pour nous la presque certitude que tous ces outils sont bien contemporains avec les fragments auxquels ils étaient mêlés et qu'ils appartiennent à l'époque de la domination romaine à Lutèce (1).

Je me souviens encore avec plaisir que j'arrivai au moment où les hommes employés à la fouille chargeaient ces cendres dans le tombereau ; cinq minutes plus tard et ces objets curieux allaient rejoindre nombre de richesses archéologiques enfouies dans les anciens prés de la Glacière, à quinze ou vingt mètres au-dessous du nouveau nivellement de ce quartier. Toutes les époques et toutes les races sont représentées dans ce terrain de remblai, provenant en partie du quartier du Panthéon (Mons Lucotitius), du Val-de-Grâce, de St-Marcel (Mons Cétardus), etc., etc.; ossements humains, poteries, verreries, fragments de sarcophage (époques gallo-romaine et mérovingienne), métaux, monnaies, etc., composent le sol de cette partie du XIIIe arrondissement, arrosée autrefois par la petite rivière de Bièvre.

Quelques jours après la découverte de ces outils d'artisan, nous poursuivions nos recherches sur l'emplacement de l'ancien clos des Mureaux, plus anciennement nommé de Cuvron.

Une fouille fut faite qui eut pour résultat la découverte de poteries de toutes les formes appartenant aux trois

(1) De nombreuses découvertes viennent affirmer que le fer était employé dans l'outillage des mineurs et fondeurs gallo-romains ; ces derniers ont laissé des traces de leurs ateliers et, à différentes époques, des masses, des pics, des haches ou hachereaux, des marteaux en forme de merlin en fer furent rencontrés dans des fouilles exécutées en Bourgogne.

premiers siècles de notre ère, sauf celles de formes ovales que je n'ai pas encore rencontrées. Ces poteries sont généralement en pâte rouge vif assez semblable comme ton et comme finesse à la cire à cacheter ; quelques-unes sont d'une couleur rougeâtre mais pâle, en terre mal préparée, décorée de filets ou contre-filets et couvertes d'une couche de vernis noir. L'usage du tour a été employé pour les pièces rondes dont les contours sont très régulièrement exécutés. Les vases décorés de reliefs ont été obtenus par le moyen de deux opérations : le tour et le moulage.

Mentionnons tout d'abord une lampe en terre rouge à cinq becs offrant au centre le relief de *Jupiter et de Leda* formant un groupe fort gracieusement modelé.

Voici la nomenclature de ces poteries :

1° Tout d'abord une poterie rappelant l'aspect d'un bol ou *patina* de forme hémisphérique, dont la terre rouge sigillée était parfaitement indemne d'altération. La partie supérieure était décorée de stries obtenues au moyen de l'ébauchoir. Ce vase devait servir aux besoins du ménage, pour contenir soit des viandes en ragoût, soit des sauces. Il faisait partie d'un mobilier funéraire (Planche 3, figure 46). Tout près de l'endroit où j'avais trouvé cette *patina*, on ouvrit une fosse à incinération dans laquelle je ramassai une urne en terre grise de forme ovoïde très simple, et une sorte d'assiette en terre noire pareille, comme forme, aux sébilles en bois.

Pendant deux ou trois siècles, sous la domination romaine, l'usage exista de brûler les morts sans que l'habitude de les inhumer fût abandonnée ; et les urnes cinéraires que nous trouvons non loin des squelettes, confondues avec les vases et les monnaies de naulage, nous en sont des témoignages assurés.

2° Un petit vase en terre rouge brique de 0^m10 de hauteur ; l'ouverture mesure 0^m06 de diamètre et la base 0^m035. Le bord est tourné avec finesse et les flancs sont remarquables par les six dépressions qui les décorent (Planche 3, figures 43, profil et coupe). Ces dépressions ont sans doute été obtenues au moyen d'une pression produite par le pouce sur la partie extérieure du vase ; on peut d'ailleurs remarquer l'empreinte de l'épiderme du pouce de l'ouvrier. Ce petit monument fort curieux appartient au IIe ou au IIIe siècle.

3° Une poterie en forme d'urne mesurant 0^m10 de hauteur. La terre grise qui la compose est assez dure et d'un ton mat. C'est un type que l'on rencontre souvent au quartier du Val-de-Grâce ; ce vase faisait partie, avec les poteries suivantes, du mobilier funéraire dont il a été question plus haut (Planche 3, figure 43).

4° Poterie de même grandeur et de forme assez semblable à la précédente, en terre rouge d'un ton mat, de 0^m001 d'épaisseur (Planche 3, figure 45).

5° Cette poterie diffère des deux dernières en ce qu'elle est en terre rouge recouverte d'un émail noir soulevé sur une multitude de points par une sorte d'efflorescence de la terre.

6° Vase en terre couleur gris-perle d'un grain plus fin que les autres et cuite à une plus haute température. La forme en est très rare. Il mesure 0^m11 de hauteur. Le col, d'un diamètre de 0^m05, est évasé et va en s'élargissant jusqu'à sa jonction avec la partie la plus volumineuse du vase dont le diamètre est de 0^m09. La base est de 0^m03 (Planche 3, figure 30).

7° Une urne en terre grise ardoisée décorée de deux cercles concentriques piqués à l'ébauchoir sur une largeur de 0^m02. Sa hauteur est de 0^m13, son diamètre de 0^m11 avec une ouverture de 0^m07 et une base de 0^m04 de diamètre.

8° Un petit vase en terre noire seul de son type dans ce champ de sépultures. Il mesure 0^m10 de haut avec une base de 0ᵐ04. Son ouverture a un diamètre de 0ᵐ074. Les bords de cette poterie sont plus évasés que ceux de la précédente. Ses flancs sont décorés de cercles concentriques formés avec l'ébauchoir (Planche 3, figure 32).

9° Un petit vase en terre grise, de 0ᵐ06 de hauteur, semblable à la poterie représentée par la figure 45 de la planche 3.

10°, 11° et 12°. Poteries semblables à la précédente comme figure, mais d'une hauteur de 0ᵐ075 et en terre rouge pâle micacée. Elles ne portent que faiblement la trace des ravages du temps.

13° Une urne cinéraire oviforme tronquée qui gisait près d'une assiette ou plat en terre noire comme elle. Sa hauteur est de 0ᵐ17 sur un diamètre de 0ᵐ13. La base mesure 0ᵐ065 et l'ouverture avec bords évasés 0ᵐ11 de diamètre. Cette poterie, des plus singulières par la forme, renfermait une molaire avec des ossements incinérés (Planche 3, figure 40, à gauche de la figure 46).

14° Une petite poterie en pâte grossière, décorée à sa partie supérieure d'un grenetis dont chaque point ne mesure pas moins de 0ᵐ008 de hauteur sur 0ᵐ003 de profondeur. Il a été exécuté à l'ébauchoir. La hauteur de ce vase que je crois remonter à une époque fort ancienne, est de 0ᵐ10 sur un diamètre de 0ᵐ125. Le diamètre de l'ouverture est de 0ᵐ08 et celui de la base est de 0ᵐ06.

15° et 16° Deux guttus ou biberons (Planche 3, figures 50 et 51).

17° Une urne cinéraire en terre rouge brique d'un grain fin, ne faisant pas effervescence à l'acide nitrique et couverte d'un vernis noir et brillant. Cette poterie, appartenant à la belle époque gallo-romaine et contenant des ossements en poussière, a une hauteur de 0ᵐ15, une largeur de 0ᵐ16, une ouverture de 0ᵐ07 et une base de 0ᵐ045.

18° Une autre petite urne dont l'ouverture, d'un diamètre

de 0ᵐ06, va en s'évasant jusqu'à la partie la plus large mesurant 0ᵐ12 de diamètre. Sa hauteur est de 0ᵐ11 et sa base de 0ᵐ035. La terre grise qui la compose est une sorte de grès bien cuit.

19° Une urne cinéraire dont voici les dimensions : hauteur 0ᵐ17, ouverture de 0ᵐ11 de diamètre avec bord de 0ᵐ02 de haut, largeur 0ᵐ18 et base de 0ᵐ055. Cette urne (Planche 3, figure 38) était remplie de terre au milieu de laquelle je pus constater la présence d'ossements humains, et aussi d'os de mouton. Sans doute, un mouton avait été sacrifié en l'honneur du mort sur le bûcher même où celui-ci avait été incinéré. Disons à propos de l'incinération que si en Grèce et à Rome on conservait les urnes contenant les cendres des morts dans les habitations, il n'en était pas de même en Gaule, où les urnes cinéraires étaient mises en terre, ainsi qu'on peut le juger par les découvertes qui ont été faites. Dans cette urne qui nous occupe, il y avait aussi des fragments de vases qui avaient dû être exposés sur le bûcher et brisés par le feu. Voici la nomenclature exacte des différents débris qui en furent tirés :

Fragments de crâne avec sa suture.

Une petite dent canine.

Trois vertèbres dorsales.

Deux têtes de fémur.

Deux têtes d'humérus.

Une cavité cotyloïde du bassin.

Des fragments de côtes.

Un fragment du grand trocanter.

Des fragments de péroné.

Un demi-litre environ d'ossements humains que je n'ai pu déterminer.

Un osselet et des ossements de mouton, des fragments de vases en terre et en verre irisé.

Comme on peut le voir par cette énumération, on recueillait avec le plus grand soin tout ce qui restait sur le bûcher où le mort avait été incinéré.

Enfin, auprès de cette urne, se trouvaient deux monnaies de naulage à l'effigie de Claudius et de Nero.

20° Une petite coupe ou *calix* en terre rouge sigillée, cuite à une haute température et ne faisant pas effervescence avec l'acide nitrique ; sa hauteur est de 0^m045 et son diamètre de 0^m105. Le fond intérieur portant le sigillum MAMMI° OF a un diamètre de 0^m04 ainsi que la base. (Planche 3, figure 35).

21° Coupe semblable à la précédente, mais dont le sigillum est illisible.

22° Une autre coupe, sorte de *scyphus*, en terre rouge sigillée d'une pureté remarquable et d'une forme gracieuse, est décorée de filets en creux et en relief ; une strie a été faite à la partie supérieure au moyen du tour. Le sigillum OFIC BILICATI se détache fort bien imprimé. Ce vase, pouvant remplir l'office de coupe à boire ou à contenir des fruits, mesure 0^m07 de hauteur sur 0^m11 de diamètre. Il ne figure pas dans les collections de poteries provenant du sol parisien (Planche 3, figure 33).

23° Cette petite coupe, qui n'a pas de correspondante, si j'ai bonne mémoire, dans nos musées, est décorée intérieurement de filets obtenus avec le tour et l'ébauchoir ; sa hauteur mesure 0^m035 et son diamètre 87. Le sigillum SAMILLIM est fort bien marqué au fond intérieur (Planche 3, figure 36).

24° Une assiette creuse en terre rouge brique pâle, d'un ton mat et à bords inclinés, mesurait 0^m04 de haut sur des diamètres de 0^m19 à l'extérieur et de 0^m12 au fond intérieur.

25°, 26° et 27° Trois petites jattes en terre noire, en forme de sébille et d'un type bien connu, avec une hauteur de 0^m06, un diamètre de 0ᵐ14 et une base extérieure de 0ᵐ05 (Planche 3, figure 31).

Un grand nombre de ces sortes d'écuelles furent trouvées contenant des restes d'aliments ; il y a lieu de croire qu'elles servaient aux usages de la cuisine et qu'elles avaient été placées dans les sépultures avec la nourriture préférée du mort.

28° Une bouteille de forme ovoïde en pâte d'une blanc sale, presque jaunâtre, mesurant une hauteur de 0ᵐ18. Cette poterie à une anse a été, comme les précédentes, fabriquée au tour, car sa base extérieure porte évidemment la trace de l'instrument qui sert au tourneur pour détacher le vase du tour sur lequel il a été façonné. Son diamètre est de 0ᵐ11 à sa partie la plus large et de 0ᵐ01 au goulot. Cette bouteille, d'une contenance de 85 centilitres, devait servir aux usages domestiques. Elle est fort bien conservée, et la texture de sa pâte, quoique manquant de finesse, est douce au toucher et semble avoir été unie avant la cuisson afin d'enlever les traces de l'ébauchoir (Planche 3, figure 39).

29° Une petite bouteille de forme sphérique et de très belle conservation. Elle est en terre jaune douce ou plutôt savonneuse et possède une anse. Sa hauteur est de 0ᵐ13, avec 0ᵐ10 de diamètre au ventre, 4 à la base et 0ᵐ012 au goulot (Planche 3, figure 34).

30° Bouteille en terre à une anse, en pâte grossière et à surface raboteuse. Elle a été cuite à une température moins élevée que les autres poteries. La base de cette bouteille au col allongé est oviforme. Sa hauteur est de 0ᵐ19 ; l'entrée du goulot a 0ᵐ015 de diamètre et sa partie la plus large 0ᵐ12.

31° Cette bouteille a aussi une anse. Elle est en terre plus fine que la précédente, mais sa pâte tendre a été cuite à une faible température. Hauteur 0ᵐ16, diamètre le plus large 0ᵐ12, diamètre du goulot 0ᵐ02, diamètre de la base 0ᵐ04 (Planche 3, figure 40).

32° Bouteille identique à la précédente, mais malheureusement cassée.

33° Poids en terre rouge percé d'un trou de suspension. Sa base mesure 0ᵐ08 de long sur 0ᵐ07 de large, et sa hauteur est de 0ᵐ13. Il se termine en pointe tronquée de 0ᵐ02 de largeur.

34° Une *ampulla* ou petit lacrymatoire en bronze. Ce petit objet, le seul que je connaisse de ce genre, a les dimensions suivantes : hauteur 0ᵐ05 ; diamètre 0ᵐ028 au centre et 0ᵐ016 à la base ; l'entrée du goulot mesure 0ᵐ005. Il est muni, à sa partie supérieure, de deux petits anneaux fixes pouvant servir à le suspendre au moyen d'une chaîne. Il est, en outre, décoré de cercles concentriques à sa circonférence intérieure (Planche 3, figure 41).

35° Un bijou, sorte de mosaïque encadrée dans un cercle de bronze. Le centre est occupé par une figure dont le profil se détache en blanc sur un fond vert ; quelques étoiles ressortent aussi en blanc sur le rouge de la coiffure plissée qui enveloppe la tête et en dessine les contours. Le cou est orné d'un collier de perles.

36° Une petite lampe monolychne en terre grossière et fort commune comme exécution ; elle portait encore la trace de la calcination de la mèche (Planche 14, figures 11 et 12). Le bec de cette lampe a été sans doute obtenu par l'ouvrier, ainsi qu'on pourrait encore le constater, au moyen d'une pression du pouce et de l'index de la main gauche sur la pâte avant la cuisson.

37° Une coupe en terre rouge sigillée de 0ᵐ26 de diamètre, qui, par malheur, fut brisée par un coup de pioche. J'ai pu reconstituer la forme de cette pièce fort rare. Le rebord est décoré en relief de feuillages de lierre ou de plantes aquatiques ; la terre, d'un beau rouge éclatant, est recouverte d'un vernis brillant d'une transparence extraordinaire et d'une conservation telle que son emploi semble remonter à quelques années seulement. Les proportions de cette coupe et le travail du tourneur qui l'a faite en font un objet d'art, et un très beau monument de l'époque gallo-romaine.

CHAPITRE X

QUARTIER NOTRE-DAME

(Pointe Méridionale de l'île Saint-Louis)

TRACES D'UNE HABITATION GAULOISE

A une profondeur de 9^{m}50 au-dessous du niveau du pont Sully, j'ai découvert dans l'île Saint-Louis, avec l'aide de M. Magne, qui a facilité mon travail et participé à mes recherches, quelques échantillons de poterie gauloise remontant, il y a lieu de le croire, à une époque antérieure à la domination romaine. Le terrain d'alluvion dans lequel avaient pris naissance quantité de plantes aquatiques, contenait des fragments de poteries de toutes grosseurs d'une texture lâche et souvent raboteuse. Quelques autres fragments se réduisirent en poudre entre mes doigts, sans doute à cause de leur insuffisance de cuisson. D'une manière générale, je constatai que les débris en question avaient conservé des traces évidentes de cercles concentriques, ce qui indiquait assez nettement que les poteries de cette époque avaient été faites au tour. La pâte, qu'aucun émail ne recouvrait, était grossière et révélait le mélange de petits graviers et aussi de petits mollusques. Divers de ces échantillons portent l'empreinte de tiges de plantes. Si la préparation de la terre semble laisser beaucoup à désirer, en compensation l'élégance et la forme des vases permet d'apprécier l'habileté du potier gaulois encore étranger aux perfectionnements apportés dans la céramique par les Romains.

Quoique la plus grande partie des poteries gauloises qui ont été découvertes, fût défectueuse au point de vue de la composition première, nous avons rencontré néanmoins suffisamment d'exceptions pour reconnaitre que les Gaulois n'ignoraient pas non plus l'art de préparer la terre destinée à la fabrication des poteries, et qu'ils s'en acquittaient parfois avec habileté.

J'ai découvert, à cet endroit, de nombreux fragments de vases qui étaient accompagnés d'ossements d'animaux dont la chair avait dû servir de nourriture aux habitants de cette partie de l'île St-Louis. Des os et des défenses de sanglier se confondaient avec des ossements de lapin, de bœuf, de gallinacés, etc. Quelques fragments de bois taillés en piquets furent aussi trouvés fort bien conservés ; le bois devait être du chêne. Toutes ces trouvailles semblent bien indiquer qu'il y avait dans l'île Saint-Louis des habitations gauloises et que cette île constituait un hameau dépendant de la cité.

Mais la découverte la plus importante qu'il nous fut donné d'obtenir dans ces fouilles est celle d'une poterie tout exceptionnelle, qui surgit du sol le 15 mars 1884. Elle est unique dans son genre, du moins n'en avons-nous point constaté de semblable dans les collections publiques. Ce vase remarquable a une hauteur totale de 0^m122, avec une ouverture de 0^m137. L'intérieur a la forme d'un cône renversé à pointe tronquée. La base, de 0^m065 de diamètre, repose sur un disque mouluré l'enveloppant et formant une saillie de 0^m020, ce qui donne à cette base un diamètre total de 0^m105 (Planche 3, figure 24).

A l'intérieur, la partie la plus haute du vase portait sur une profondeur de 0^m040 les traces de 19 cercles concentriques produits par le tour ; la partie inférieure ne présente pas de trace de cercles, ce qui laisse à supposer que le fond du vase a été fait au moyen d'un instrument tranchant d'une largeur de 3 à 0^m004 au plus. L'épaisseur de la terre est en moyenne de 0^m010. A la partie supérieure, on peut remarquer une rainure qui semble avoir été disposée pour recevoir un couvercle que l'on n'a pu retrouver.

A l'extérieur, ce vase présente deux cercles concentriques saillants de 0^m002 qui sont tournés avec une grande finesse d'exécution. Sa couleur est celle de l'ébène. Enfin, cette poterie, dont la pâte est très fine, très homogène et enduite d'une sorte de vernis graphitique qui lui donne un noir fin et brillant, n'offre pas les caractères de grossièreté des autres fragments de poteries qui ont été remassés au même endroit. De là, pour nous, des enseignements précieux.

Ainsi que la Cité, l'île Saint-Louis était moins grande avant et pendant la domination romaine qu'elle n'a été depuis, parce qu'on y a élevé des quais la protégeant contre l'attaque des eaux. Il y a lieu de croire que le trop-plein de la population de Lutèce vint habiter cette île, afin de se mettre sous la protection des eaux du fleuve.

Le point exploré par nous semble bien indiquer que là s'élevaient une ou plusieurs habitations, si l'on en juge par les débris de poteries au milieu desquels nous trouvâmes quantité de mollusques d'eau douce qui devaient figurer dans la cuisine gauloise et des ossements d'animaux en quantité considérable.

L'empereur Julien, en parlant de sa Lutèce bien aimée dans son *Misopogon*, s'exprime ainsi :

« Elle occupe une île peu considérable, environnée de » murailles, dont la rivière baigne le pied. On y entre de » deux côtés par des ponts de bois. » Il passe sous silence l'île qui fait l'objet de notre étude et qui, à cette époque, était probablement une sorte de hameau dépendant du centre de la ville qui était située dans l'île de Lutèce et sur la rive gauche du fleuve.

Beaucoup de découvertes importantes ont été faites à différentes époques dans l'île de la Cité : inscriptions, bas-reliefs, fondations de monuments antiques, cippes, etc., mais nous ne pensons pas que ces découvertes aient amené la trace d'anciennes habitations parisiennes et le type de la poterie que nous publions aujourd'hui.

Comme nous le voyons par la découverte de ce vase précieux, notre pays possédait un art à lui, particulier. Après la conquête, la céramique nationale a un caractère moins marqué, elle emprunte au conquérant des procédés nouveaux ; et des changements considérables s'opèrent dans la forme comme dans la décoration de la poterie, à laquelle les antiquaires donnèrent le nom de poterie gallo-romaine.

CHAPITRE XI

QUARTIER SAINT-VICTOR

UNE VOIRIE ROMAINE AUX ENVIRONS DU PANTHÉON.

Sur le versant septentrional de la butte Sainte-Geneviève, à cent mètres environ des murailles de Philippe-Auguste, se trouvait un terrain dans lequel je pus faire quelques sondages au moment où furent posées les fondations d'une maison située derrière la propriété qui porte le n° 71 de la rue du Cardinal Lemoine, en face la rue Clovis et derrière les n°s 38, 40, 42 et 44 de la rue Monge. La terre noire qui fut retirée était une sorte de terreau dans lequel je constatai la présence de nombreux détritus de toutes sortes. C'était certainement l'emplacement d'une ancienne voirie dont la superficie mesurait 600 mètres carrés sur une épaisseur de six mètres. J'y ai trouvé des ossements d'animaux, tels que bœufs, sangliers, porcs, moutons, chèvres, lapins, dont plusieurs tombereaux furent enlevés. Au milieu de ces os, il y avait: des fragments de *fibulas* en bronze ou en fer, sorte d'agrafe pour attacher les vêtements; des fragments de vases en verre d'une remarquable irisation passant par toutes les couleurs; des fragments d'une grande *olla* en terre grise cuite à une haute température, dont le fond était plat et les flancs très bombés, et qui devait servir à la cuisson de la viande comme nos vulgaires marmites modernes; des fragments de verre provenant d'un vase en forme de *cupa*; des morceaux de *guttus* en terre et en verre; des fragments d'une *ampulla* terminée en pointe qui devait être d'une grande capacité ; des fragments de *catina* en terre sigillée ; enfin des vestiges nombreux portant des reliefs et le sigillum. Au milieu de ces débris confus, nous remarquâmes un fragment *d'amphora* en terre jaunâtre bien cuite dont les anses, d'une épaisseur de 0^m02, décrivaient une courbe fort gracieuse en se détachant du col pour se relier aux flancs du vase dont la plus grande largeur devait être de 0^m40 à 0^m45. Le diamètre du col mesurait 0^m13.

Dans cet endroit furent trouvées des monnaies romaines dont le nombre peut être évalué approximativement à une soixantaine et peut-être plus. Elles étaient principalement aux effigies d'Auguste et de Claude ; les autres représentaient Néron, Faustine la jeune, Marc-Aurèle, Trajan ou Nerva.

Cette butte artificielle et principalement composée d'immondices, où nous fîmes notre triage archéologique, nous laisse supposer que ce point de notre vieux Paris était en dehors du centre de l'agglomération de l'antique Lutèce à l'époque de la domination romaine.

CHAPITRE XII

QUARTIER DE LA PLACE MAUBERT

§ I

FOUILLES PRÈS DE LA PLACE MAUBERT. — SÉPULTURES GALLO-ROMAINES.

Par suite de travaux de sondage exécutés pour la construction d'une maison dans le voisinage de la place Maubert, j'ai pu constater aussi en cet endroit la présence de sépultures gallo-romaines. Une seule méritait de fixer l'attention.

Cette sépulture à même le sol renfermait un squelette auprès duquel se trouvait une délicieuse petite *ampulla* en terre rouge brique qu'un coup de pioche malheureux brisa en plusieurs morceaux. Ce petit vase mesurait 0ᵐ12 de hauteur et 0ᵐ09 de diamètre à sa partie la plus large. Le col avait un diamètre intérieur de 0ᵐ015 et la base 0ᵐ03. Les proportions sont bien observées dans cette poterie qui ressemble aux *guttus* trouvés dans le quartier du Val-de-Grâce et du Panthéon (Planche 3, figure 49). En se brisant, cette *ampulla* laissa échapper une certaine quantité de monnaies de naulage fort bien conservées, dont la plus petite n'avait pas un diamètre inférieur à 0ᵐ025. Ces pièces de monnaie, d'un diamètre bien supérieur à celui du col du vase, avaient sans doute été placées dans l'intérieur avant l'apposition du col et l'achèvement complet de la poterie, dont la cuisson ne semble pas les avoir altérées.

Voici l'inventaire pur et simple de ces monnaies :

1° 12 à l'effigie de l'empereur Valerianus.

2° 121 à l'effigie de Gallienus.

3° 18 à l'effigie de Salonina Cornelia, femme de Gallien.

4° 89 à l'effigie de l'usurpateur Postumus.

5° 29 à l'effigie de l'usurpateur Victorinus.

6° 1 à l'effigie de l'usurpateur Aurelius Marius qui ne régna que trois jours. Les pièces frappées à son effigie sont donc fort rares. Type : tête barbue couronnée, et dans un grenetis MARIVS P F AVG ; Revers : deux mains qui s'étreignent et autour, aussi dans un grenetis, CONCORDIA. Cette monnaie est de très belle conservation.

7° 25 à l'effigie de Claudius.

8° 12 monnaies dont l'effigie n'a pu être reconnue.

Il y avait donc en tout 307 pièces dans cette poterie que je crois unique en son genre. D'après ces pièces de monnaie en bronze saucé, on peut établir que la sépulture remonte au iii° siècle, et leur nombre relativement considérable fait supposer que l'on est en présence des restes d'un citoyen de la classe aisée.

§ II

FOUILLES DE LA RUE TOULLIER

(Avril 1885) — Planche 15, plan figure 2.

Il y a moins de 15 ans, on voyait encore, à droite en montant la rue Saint-Jacques, presque à l'angle de la rue Soufflot, une porte construite dans le vieux style. C'était le seul reste du couvent des frères prêcheurs mendiants ou dominicains, autrefois l'ordre des Jacobins, fondé par saint Dominique de Calahora, acteur sanglant dans la croisade contre les Albigeois.

Malgré la richesse de cette communauté, ses moines couraient les rues de Paris, sollicitant la charité publique :

Aux frères Saint-Jacques, pain, pain, por Dieu, aux frères Menors !

Cette église contenait un grand nombre de tombeaux, on y voyait ceux de Jean de Meung, surnommé Clopinel, le principal auteur du fameux *Roman de la Rose* qu'avait commencé Guillaume de Lorris ; de Louis d'Evreux, de Charles de Valois, d'Humbert II de la Tour-du-Pin, de Georges Critton, Écossais, savant docteur en droit civil et canon, professeur au collége royal ; de Jean Passerat, professeur qui contribua à la fameuse satire Ménippée de Dormi.

Sur l'emplacement de cet ancien couvent dont le cloître a servi de tombeau à quelques hommes célèbres des xvᵉ et xviᵉ siècles, des travaux de terrassements furent exécutés, devant nous, au mois d'avril 1885, sous la direction de MM. Pointilliard et Marfaing, entrepreneurs de travaux publics, pour la construction de la maison portant le nᵒ 7 de la rue Toullier. On découvrit dans les fouilles des ossements humains qui occasionnèrent une enquête judiciaire dont j'ignore le résultat. Le couvent, supprimé en 1790, avait été bouleversé déjà pour les besoins de la construction privée. Dans un déblai de plus de cinq mètres d'épaisseur, je trouvai des fragments de poteries gallo-romaines qui devaient avoir un volume considérable, des moëllons auxquels adhérait encore un mortier très dur, et dans un éboulement qui se produisit à l'angle formé par la rue Toullier et la rue Cujas, on fit tirer du sol un tombereau de tuiles romaines. Il y a lieu de penser qu'avant la construction du cloître des Jacobins, cet endroit avait été occupé par une habitation gallo-romaine. Le terrain d'ailleurs avait été remué, il y a déjà longtemps, car sous les anciennes fondations, à neuf ou dix mètres au-dessous du niveau de la rue, je trouvai des squelettes et auprès d'eux maints vases ovoïdes qu'avait malheureusement brisés la pioche des puisatiers. Ces poteries sont à pâte tendre, mélange d'argile sableux et calcarifère ; l'endroit blanc formant couverte est dû à l'humidité à laquelle la poterie avait été soumise, et les points blancs qui sont épars en grande quantité dans la contexture de la pâte disparaissent sous l'action de l'acide nitrique en donnant de l'effervescence. C'est donc du carbonate de chaux (Planche 12, figure 2). Je crois ces vases antérieurs à l'époque gallo-romaine ou tout au moins je les crois du commencement de l'occupation. Je dois mentionner, en passant, la mise au jour d'un beau tesson en terre grise très fine portant le sigillum TORNO.

Ce terrain avait donc servi tour à tour de champ de sépultures et d'emplacement pour des constructions à différentes époques. Dans la terre qui fut enlevée au fond de la fouille, je recueillis des fragments de poteries en terre sigillée et une grande amphore destinée à contenir du vin ou de l'huile et d'une contenance de 20 à 30 litres (Planche 14, figure 5). Il y avait aussi des stylets d'ivoire ou d'os de forme remarquable (Planche 12, figure 1). Des meules se trouvaient mêlées à toutes sortes de tessons dans une terre noire qu'avait formée, sans doute, l'amas des détritus abandonnés par les habitants des premières constructions élevées en cet endroit.

L'usage de la meule pour écraser le froment remonte à la plus haute antiquité. Les Égyptiens le pratiquaient avant les Grecs, et du temps d'Homère on se servait de deux meules cylindriques en pierre très dure qui étaient mises en mouvement par des esclaves ; 150 femmes étaient employées à moudre le grain à la cour d'Ithaque. Ce travail devait être long et pénible. Les Romains apportèrent d'Asie l'usage des meules à bras, mais ils ne tardèrent pas à remplacer les esclaves par des chevaux ou des ânes, ainsi qu'on a pu le constater par une peinture sur pierre découverte à Pompéï. A Lutèce, pendant la domination romaine, le système employé pour moudre le grain consistait en deux meules couchées. L'une d'elles, placée au-dessous, avait une forme concave et était percée au centre d'un trou rond par lequel s'échappait la farine pour tomber dans un récipient disposé à cet effet ; l'autre meule, de forme convexe, était superposée à l'autre et à la force des bras lui donnait le branle. La convexité de la meulecourante s'emboîtait dans la concavité de la meule gisante sur laquelle le grain était broyé. C'est à l'intelligent concours de mon ami M. C. Magne que je dus la découverte de ces meules dans les décombres convertis en moëllons pour la construction. Elles étaient enfouies à plus de cinq mètres au-dessous du niveau de la rue Cujas, au milieu de tuiles romaines et de morceaux de poteries de toutes couleurs ; elles sont donc de l'époque gallo-romaine. J'ai trouvé un certain nombre de ces meules dans mes fouilles à Paris, notamment dans la voirie que j'ai reconnue en face la rue Clovis, et dans le terrain occupé aujourd'hui par le collége Sainte-Barbe. Leur diamètre est en général de 0ᵐ30 à 0ᵐ60 ; les bords ont de 0ᵐ05 à 0ᵐ10 d'épaisseur, le centre de la meule gisante ne mesure que 0ᵐ03 à 0ᵐ06 d'épaisseur et celui de la meule mouvante en compte au moins 10 à 15. Le nombre de meules trouvées dans le sol parisien laisse à supposer que chaque famille aisée, à l'époque gallo-romaine, avait son moulin pour broyer le grain.

Dans cette fouille de la rue Toullier je découvris aussi beaucoup de monnaies, petits bronzes (1), qui étaient le plus souvent à l'effigie d'Auguste et des premiers empereurs. On sait que les monnaies *petit bronze*, frappées à l'effigie d'Auguste, sont plus rares que celles en métaux précieux comme l'argent et l'or.

(Notre gravure ou plan indique les points où les pièces furent trouvées, les meules et les poteries, ainsi qu'un vieux mur qui servait de puisard aux habitants des maisons qui s'élevèrent sur ce point (Planche 15, figure 2).

(1) Ce métal semble avoir subi l'action d'un feu violent, il y a même lieu de croire que toutes ces monnaies chauffées se trouvaient dans une habitation située sur ce point, et que cette habitation fut détruite par un incendie.

CHAPITRE XIII

§ I

DÉCOUVERTES DE DIVERSES CURIOSITÉS GALLO-ROMAINES

Si, dans ce paragraphe, nous parlons de découvertes faites dans différents quartiers de Paris, c'est qu'elles l'ont été à quelques jours de distance et que, pour cette raison, nous n'avons pas cru devoir les séparer.

Dans le sous-sol du quartier Saint-Marcel, nous récoltâmes un peigne (*rarus picten*) d'une forme particulière. Il est en ivoire feuilleté en lamelles ; la partie opposée aux dents mesure 0^m045 d'épaisseur, et les dents, au nombre de 18, ont 0^m067 de longueur et se terminent par une pointe arrondie. Enfin la longueur totale de ce curieux objet, qui n'a aucune ressemblance avec les peignes connus jusqu'à ce jour, est de 0^m13. Dès la plus haute antiquité on se servait du peigne pour retenir la chevelure derrière la tête. Le démêloir existait aussi et la matière première en était de buis ou d'ivoire. Il se composait de deux rangées de dents séparées par une barre. Le nôtre, bien que n'ayant pas cette forme, devait servir soit à démêler la chevelure, soit à la couper. L'ivoire, bien moins connu jadis que de nos jours, a servi cependant aux anciens pour fabriquer un grand nombre d'objets à la confection desquels sa finesse et sa dureté convenaient excellemment (Voir la Planche 14, figure 4).

Près de la place Maubert, nous fîmes une découverte d'une autre espèce, qui a bien aussi sa valeur. Je veux parler d'un assortiment de jouets d'enfants. Au temps de l'occupation romaine, l'enfant avait des jeux ne différant guère de ceux d'aujourd'hui. J'ai trouvé dans mes fouilles du collège

Sainte-Barbe de petites poteries de forme ovoïde de 0ᵐ02 à 0ᵐ06 de hauteur, qui devaient faire partie d'un petit service de table. Les trouvailles faites près de la place Maubert nous apportèrent, entre autres choses, un objet beaucoup plus rare et peut-être unique en son genre : un petit bateau en terre cuite, auquel le séjour dans un sol humide et tourbeux avait imprimé une teinte noire assez semblable à celle de l'ébène. Des traits exécutés à l'ébauchoir simulent les joints des planches de la barque. La proue est effilée, tandis que la poupe est à angle droit ; le fond extérieur est plat. Ce petit bateau, sorte de *scapha,* était manié à deux avirons dont l'un se dessine en relief à babord ; une saillie du bord indique d'ailleurs l'endroit où ils étaient fixés. Ce jouet est sans doute la copie des barques dont se servaient sur la Seine les pêcheurs parisiens à l'époque gallo-romaine. On sait combien l'usage du bateau est fréquent aujourd'hui pour amuser les enfants (Voir la planche 3, figure 48).

Quelques jours après, je relevai dans une fouille pratiquée dans la petite rue Gracieuse, non loin de Saint-Médard, une monnaie romaine à l'effigie de Claudius, et dont le revers entre le S C représentait Minerve coiffée du casque et armée de la lance et de l'égide. Cette monnaie se trouvait comme égarée au milieu de débris de poteries portant le sigillum, et assez proche de deux autres objets fort curieux. C'étaient, en premier lieu, des ciseaux ou cisaille, sorte de *forfex* dont l'usage a dû être introduit en Gaule par les Romains. Je possède plusieurs de ces objets, qui, par la forme rappellent les ciseaux dont on se sert de nos jours pour tondre les bêtes à laine. Leur longueur est de 0ᵐ115 et l'écartement normal des branches est de 0ᵐ03 ; l'extrémité manuelle est arrondie et forme ressort, avec un diamètre de 0ᵐ015 ; elle a conservé son élasticité malgré l'oxydation très accentuée du métal. Les pointes sont arrondies et l'une d'elles est fort bien conservée (Planche 14, figures 22).

Le deuxième instrument était un couteau en fer à pointe

aiguë et à longue lame légérement courbe, à peu de chose près semblable au couteau de bronze gaulois. Sa longueur totale est de 0ᵐ17 ; une tige en fer de 0ᵐ05 formant corps avec la lame servait à la maintenir dans un manche en os, en bois ou en ivoire (1). Il y a tout lieu de croire que nous sommes en présence d'un *Cultellus* ou couteau à découper, ou d'un *Culler coquinaris* ou couteau de cuisinier (Planche 14, figure 21).

§ II

ANTIQUITÉS GAULOISES TROUVÉES DANS LA SEINE

Avant de terminer le récit de nos fouilles au plus profond du sol parisien, que le public nous laisse lui parler encore de deux découvertes intéressantes qui ont été faites, non plus dans le terrain habituel de nos explorations, mais dans le lit de la Seine.

La première est celle d'un *torquis* ou *torques*, sorte de bijou ou ornement de forme circulaire qui se décernait aux soldats comme récompense de leur valeur. Les Gaulois le portaient autour du cou tandis que les Romains le tenaient suspendu sur la poitrine. Ce bronze, fort curieux, fort rare et d'une belle conservation, mesure à son diamètre 0ᵐ21 et demi. Le travail d'ornementation est d'une régularité presque parfaite ; il consiste en deux filets qui suivent les bords internes et externes et dont l'intervalle est décoré de petits ornements en creux obtenus par la fonte et disposés régulièrement, les uns étant triangulaires et les autres carrés. La largeur du métal, brillant comme de l'or, est de 0ᵐ009. Cet objet ne figure pas, croyons-nous, dans nos musées archéologiques.

---

(1) Il faut l'avouer : je ne possède pas une *once d'ivoire,* pas un dé, pas un jeton ! Les manches de mes couteaux sont *en os* ; cependant ils ne gâtent point les viandes, et la poule découpée n'est pas moins tendre (Juvénal, Satires ɪx).

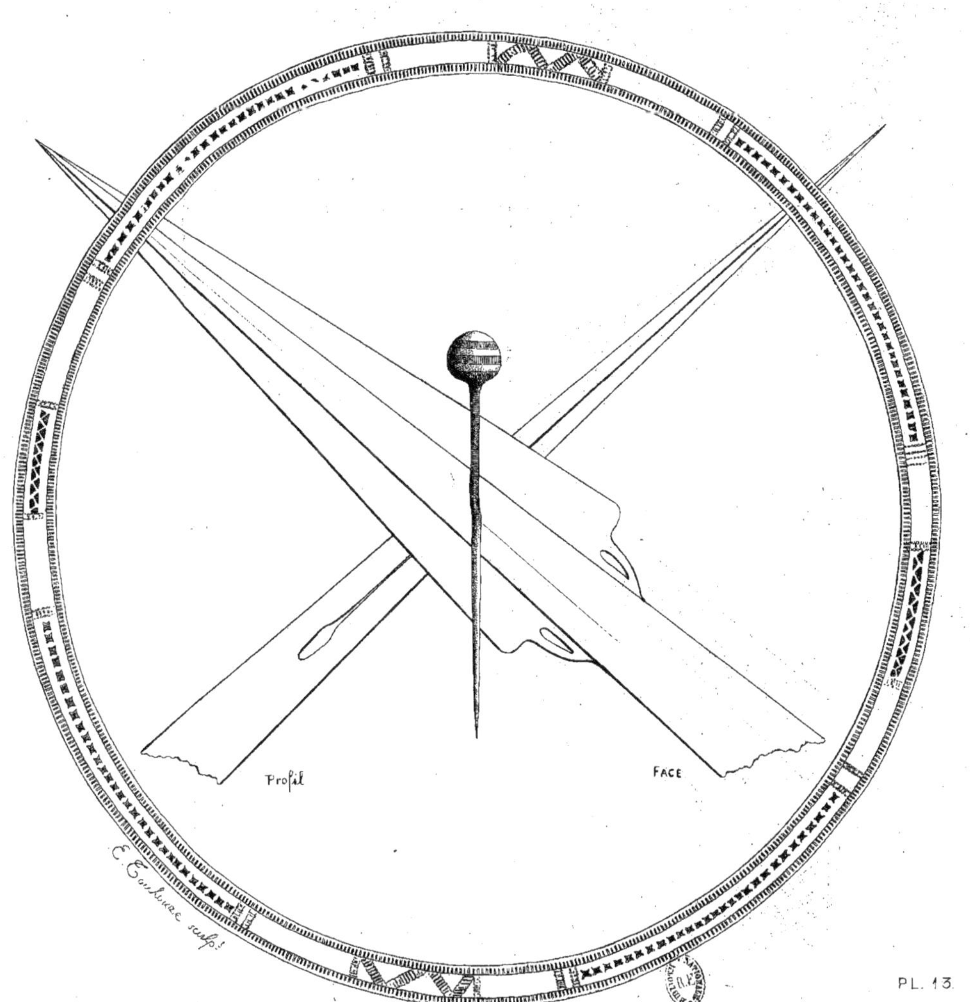

PL. 13.

(Voir la planche 13. Nous l'avons gravé dans sa grandeur originale.)

La seconde est celle d'une épingle qui mesure 0ᵐ09 de longueur. Elle est décorée de petits traits finement gravés et très heureusement conservés par la patine qui la recouvre. Nos recherches personnelles nous avaient procuré déjà des épingles, analogues de forme et de grandeur, servant particulièrement à la toilette des femmes. M. Ed. Flouet qui en découvrit une, sœur de celles-ci, dans un village de la Côte-d'Or, la décrivait de cette manière : « Une forte épingle à cheveux, longue de 0ᵐ41, à pointe effilée, à sommet légèrement bombé et décoré à sa partie supérieure de sillons creusés de manière à simuler l'empilement de 23 petites rondelles plates surmontées d'un bouton. » On supposerait avec raison que notre épingle trouvée dans la Seine fût plutôt un objet de parure pour un guerrier gaulois. Par des découvertes successives, j'ai pu remarquer, en effet, que les armes gauloises extraites du fleuve étaient presque toujours accompagnées d'épingles semblables à celle qui nous occupe, et qui fut d'ailleurs ramassée avec le *torqués* dont je viens de parler. Un jour, trois de ces épingles m'apparaissaient près de deux haches à ailerons. Une autre fois, j'en recueillais plusieurs de grande dimension et décorées d'un travail remarquable avec des fragments d'épée et un poignard.

Une épingle de 0ᵐ55 de long accompagnait une épée à deux tranchants dont la longueur était de 0ᵐ59 et dont le poids était de 450 grammes. J'ai trouvé aussi des épingles de toutes dimensions en même temps que des javelots, des lames d'épées, des pointes de flèches.

D'ailleurs cette coutume de se servir d'épingles semble avoir existé chez différents peuples, et à toutes les époques.

Dans la *Revue archéologique*, M. l'abbé Bourgeois a parlé d'une découverte qu'il avait faite à Billy, commune de Loir-et-Cher, d'un moule dont l'une des faces servait à couler des haches à ailerons, et l'autre à couler des épingles à cheveux.

Les moules, à l'époque du bronze, étaient en terre, en sable ou en pierre gravée en creux ; ces derniers pouvaient servir un grand nombre de fois pour reproduire certains objets d'usage journalier ; notons : des marteaux, couteaux, ciseaux à travailler le bois, haches, hameçons, fibules, épingles, armes de toutes sortes, etc. Le moule en pierre dure était en deux parties qui, au moment du moulage, étaient rapprochées et liées fortement afin d'éviter autant que possible la déperdition du métal en fusion et les bavures qui seraient résultées d'une superposition inexacte des deux parties. L'objet une fois produit, il ne restait plus qu'à nettoyer les bavures des joints du moule à l'aide d'un ciseau de bronze, ou bien à l'aide d'un silex.

On dressait le tranchant puis le métal pouvait être poli à l'aide du sable fin ou du frottement sur une pierre fine ou le grès, etc.

Il serait donc possible, à l'aide de ces moules retrouvés, de reproduire une hache et une épingle appartenant à l'age du bronze.

En Pologne, M. le docteur Ladislas Chodzkiewicz découvrait, en 1874, un cimetière païen de l'époque du bronze dans la petite localité de Wloczyn ou Wlocin (l'orthographe est incertaine), non loin de la ville de Kalisz, près de la frontière du Grand Duché de Posen.

Or, il rencontra dans les fouilles de ce champ de sépultures, de grandes épingles de bronze de 0^m24 à 0^m25 de longueur, semblables comme forme et comme longueur à celles découvertes dans le lit de la Seine.

Disons pour finir que des découvertes récentes sont venues nous apprendre que les habitants du nouveau monde (Pérou) se paraient, il y a quelques siècles, d'épingles d'un style assez semblable à celui des épingles de l'ancienne Europe.

Nous voyons au musée du Trocadéro quatre épingles en cuivre argenté à tête plate, légèrement convexe, ornée de trois stries transversales coupées au burin et d'une exécution moins bonne que celle que nous offrent nos curiosités gauloises.

Elles ont été trouvées à Ancon, département de Lima, par M. de Cessac (elles mesurent de 0^{m}18 à 0^{m}20).

Une autre figure dans cette même collection en bronze fondu, à tête globuleuse ornée de stries, avec un trou de fixation latérale, elle mesure 0^{m}18 (mission de M. de Cessac). Six autres, ne mesurant pas moins de 0^{m}25 à 0^{m}30 de longueur, ont été données au musée par M. le docteur Macedo. Elles sont à tête plate. La tige est percée, un peu au-dessous de la tête, d'un trou de suspension. Ces dernières sont d'un style plus lourd que les précédentes et moins belles que nos épingles gauloises.

TABLE DES GRAVURES

TABLE DES CHAPITRES